U0040039

LOCUS

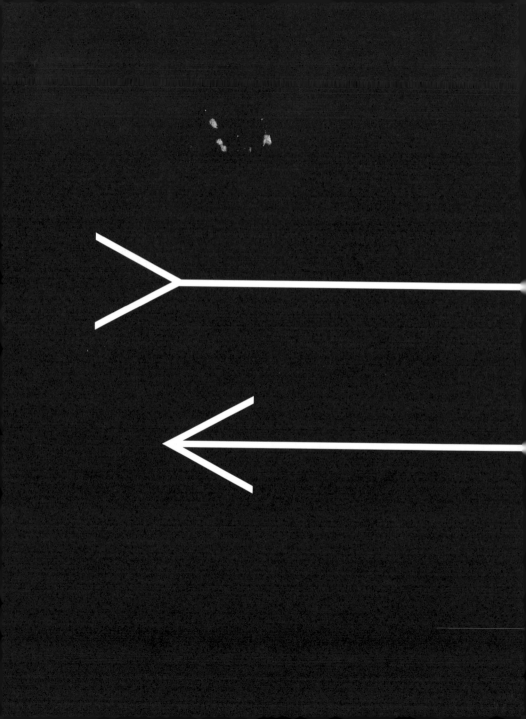

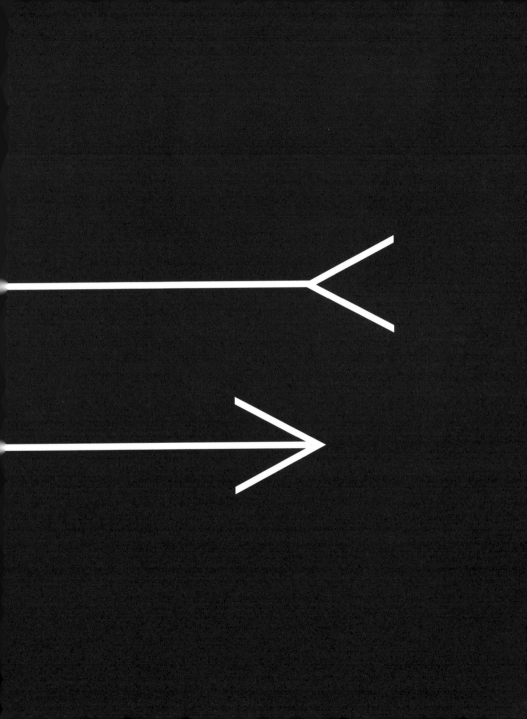

LOCUS

The Art of Noticing

本書獻給E

觀察的藝術
THE ART OF NOTICING

在日常生活中
開發想像力的131個練習

ROB WALKER

羅伯·沃克————————著　許恬寧————————譯

smile 168
觀察的藝術：
在日常生活中開發想像力的 131 個練習
作者：羅伯·沃克（Rob Walker）
內頁繪圖：彼得·曼德森（Peter Mendelsund）、奧利佛·芒迪（Oliver Munday）
譯者：許恬寧
責任編輯：潘乃慧
封面設計：林育鋒
校對：呂佳真
出版者：大塊文化出版股份有限公司
105022 台北市南京東路四段 25 號 11 樓
www.locuspublishing.com
讀者服務專線：0800-006689
TEL：(02)87123898　FAX：(02)87123897
郵撥帳號：18955675　戶名：大塊文化出版股份有限公司
法律顧問：董安丹律師、顧慕堯律師
版權所有　翻印必究

總經銷：大和書報圖書股份有限公司
地址：新北市新莊區五工五路 2 號
TEL：(02) 89902588　FAX：(02) 22901658
初版一刷：2020 年 9 月
初版六刷：2023 年 4 月

定價：新台幣 360 元
Printed in Taiwan

觀察的藝術：前言

　　美國評論家蘇珊・桑塔格（Susan Sontag）曾經建議一名年輕的聽眾：「你要運用注意力。」桑塔格既是在解釋創意流程，也是在談人生。「重點是留神，盡量把外界的一切都吸收進來，不讓藉口或是人生中一些飛快出現的無聊義務，限制住你的人生。注意力就是生命力，連結著你和其他人，能夠帶來躍躍欲試的精神，你要保持住那股熱切。」

　　永遠興致盎然，與人連結，在日常生活中找到興味，留意其他人忽略的事物──這不單是好好活著的能力，也是難能可貴的目標。一樣是「看」，有留神的看，也有隨意的看。一樣是聽，有的是仔細聆聽，有的則是當成耳邊風。一種是這個世界給什麼就接受什麼，另一種則是留意對自己重要的事。

　　懂得觀察不僅十分重要，還會產生愉悅的感受，本書就是要談這件事。

專注的機會

　　電影製作人詹姆斯・班寧（James Benning）提過他在加州藝術學

學著留心比什麼都重要。

—— 藝術家羅伯特‧爾文（Robert Irwin）

院（California Institute of the Arts）教「看與聽」（Looking and Listening）這堂課時，要學生做一項練習，他寫道：「我會帶十到十二個學生去某個地方（加州中央谷地的油田、洛杉磯市中心附近的遊民聚集地、加州莫哈韋〔Mojave〕山麓一公里長的手挖隧道等等），接著每一個學生各自出發，練習留心觀察。」

我在《閉眼作畫》（Draw It with Your Eyes Closed）這本書中讀到班寧給藝術系學生出的創意作業時，「**練習留心觀察**」幾個字打中了我，日後成為我一直很重視的概念。

我當時正在替紐約視覺藝術學院（School of Visual Arts）的設計產品研究所，準備一堂為期五週的課程。每年課程上到一定的進度之後，我就會要求學生在下次上課前「練習留心觀察」。這個練習沒有任何規定，我刻意給學生模糊的指示，讓每個人自由發揮。

我的目的是引導學生思考他們留意／沒留意到的事物，想一想觀察的重要性，進而找出如何以更好、更深入、更原創的方式，觀察這個世界、觀察自己。那些練習帶給我日後寫這本書的靈感。

對設計師來講，留心觀察是不可或缺的能力。不過話說回來，成為文學家索爾‧貝婁（Saul Bellow）所說的「一流觀察者」（first-class noticer），對**任何的**創意流程來講都很重要，也就是培養明察秋毫的能力，注意到別人忽略的事，獲得帶來幸運的新能力，體驗到「令人陶醉的現實」。我在本書提到的「創意流程」，各行各業都適用。不

論是科學家、企業家、攝影師、教練，都要留心觀察先前每個人視而不見的事。

棒球高階主管比利・比恩（Billy Beane）戰功彪炳，靠的是留意其他人忽視的球賽數據。

海洋生物學家瑞秋・卡森（Rachel Carson）勇敢關注殺蟲劑不為人知的副作用（帶來生態浩劫），開啓現代的環保運動。

巴菲特留心價值被低估的公司，成為大眾心目中有史以來最成功的投資人。

喜劇演員傑瑞・史菲德（Jerry Seinfeld）製作「觀察生活而來」的精彩喜劇，以銳利的雙眼，找出大家習而不察的荒謬事物。

凡是對創意思考感興趣的人士，無不（需要）留心被忽視的事物，擺脫分心，好好觀察這個世界。每一天，成功的教師、醫師、律師、小型企業主、中階主管，都會發現其他人沒發現的迷你線索與細節。

事實上，那也是為什麼 Google 和高盛（Goldman Sachs）等企業，特地推出納入冥想或正念訓練的計畫，協助員工對抗我們的分心文化，重拾專注力與創意。這也是為什麼從艾森豪將軍到前美國國防部長馬提斯（James Mattis），當這些軍事將領需要做出深思熟慮的決定時，無不讚揚斷然屏除一切干擾的作法。

養成專心留神的習慣，能帶來原創的視野，讓我們獲得不同的觀點。那正是我試圖傳授給學生的東西，我自己平日也努力練習。

然而，專心觀察可不容易。

注意力恐慌

哲學家齊美爾（Georg Simmel）在一九〇三年就抱怨過，現代生

活的刺激讓感官麻木，我們變得呆滯、漠不關心，無法專注於真正重要的事物。

一九五〇年代，作家威廉・懷特（William Whyte）在《生活》（Life）雜誌上感嘆，「露天廣告看板、霓虹燈廣告」、各種令人皺眉的廣告，正在把美國的自然景觀變成公路旁的長條狀分心景象。

經濟學家司馬賀（Herb Simon）在一九七一年警告：「大量的資訊造成了注意力匱乏。」

感到外在的力量試圖抓住我們的注意力，不是什麼新概念──但這種感受在今日特別深。廣告看板、商店櫥窗、誘人點擊的成癮遊戲、不斷重播的新聞與廣告，自四面八方誘惑著我們。我們每天隨身攜帶口袋大小的螢幕，接收無窮無盡吸引注意力的訊息，很難抵擋分神去看的誘惑。各大研究估算，一般的智慧型手機使用者一天會看手機一百五十次，也就是每六分鐘一次。滑動或點選手機的次數更是超過兩千五百次。

感覺上，我們認識的每一個人、每一間企業、每一種社會運動，都希望得到我們的關注，爭奪著我們的注意力，帶來研究人員所說的**「多重意識」**（polyconsciousness）。這種心智狀態是指一部分的注意力分散在實體世界，一部分則分散在裝置連結的世界，減少了我們在此時此地與真人／真實事物的互動。

或許我們已經處於人類史上的分心高峰期。大量的評論家滔滔不絕談論二十一世紀的注意力恐慌。許多人甚至**透過隨身裝置**抱怨這些裝置的影響。「＃害怕錯過」（#FOMO）是一個永無止境的流行話題，大談我們以不健康的方式沉迷於……流行話題。

然而，那一切你早已聽過。本書的目的不是製造更多的注意力恐慌，而是提供實用的建議：如果說我們已經身處史上最分心的時刻，

在接下來的世紀，

最需要保護的關鍵人類資源，

大概是我們自己的意識

與心智空間。

—— 吳修銘

花時間暫停一下，練習留心，自然也前所未有地重要。

好消息是，我們做得到。

的確，如同許多前輩已經指出，人類會分心其實是天生的，那是一種演化的結果——我們本能會受「閃閃發亮」的事物吸引。

然而，相較於其他生物，人類也更能靠智取勝過本能。也難怪在這個盛行分心的年代，冥想與正念同時蔚為風潮。我們**知道**自己分心了，希望把這個世界看透徹，還知道可以學著把注意力引導到自己想要的方向。

簡而言之，我們運用注意力的方式，關係到人類之所以成為萬物之靈的特質。

觀察的喜悅

深度注意力對靈魂有益。

然而不巧的是，專注很重要，但不是隨時**感覺起來**都那麼重要。

我們要做的事愈來愈多，待辦事項永無止境，可以理解大家為何不想嘗試新作法，不想實驗，不想讓好奇心帶自己跳脫日常的框架。

我們想要忙碌感。

然而，忙碌被過度稱讚。達爾文一天只工作一、兩個小時，卻花很多時間散步，一走就走很遠。不論從事哪一行、過哪種生活，大家都曉得，我們往往沒做什麼事，一天就過去了⋯⋯有做事，卻是窮忙一通。為了增加生產力，排出超級有效率的行事曆，不但無法幫助你找出重要的事，反而更可能使你無暇顧及。

想一想，每**星期**挪出一小時就好，刻意引導自己的注意力。那將如何影響你觀看、感受、思考的方式？那會如何改變你與世界互動的方式？那將在多少程度上改變，甚至改善你的工作與生活？

那將是多麼**有趣**的一件事？

本書將協助大家找出以上問題的答案。這種刺激你行動的練習，將鼓勵你做迷你但好玩的努力，找回創意與好奇心，幫助你對抗分心。相關點子可以改變你看、聽、留意與體驗這個世界的方式。

本書的點子來自我的學生、我與聰明大方的朋友之間的對談、睿智的陌生人、我個人的習慣、行為心理學家、藝術家、作家、創作家、企業家，以及各行各業的人士。

或許本書的練習將促使你寫下令人耳目一新的小說，打造熱門的Instagram 帳號，找到沒人想到的事業機會。我希望那一切都會成真！

不過呢，本書不只是把觀察的藝術當成創意流程的步驟。觀察可以帶你逃脫現代人對於生產力與效率的膜拜——擊敗注意力恐慌的始作俑者。

按一下暫停鍵，試著不必隨時都那麼有生產力，努力擁有多一點好奇心。難道你想在回顧這一生的時候，只想得到自己完成了多少別

積極留意新事物時，

你將活在當下……

留意新事物，將使你用心投入，

除了能增添趣味，還能讓人煥然一新。

—— 哈佛心理學家艾倫・J・南格（Ellen J. Langer）

人要求的事？還是你想要記住挖掘事物的樂趣，回味再三呢？

　　喬治梅森大學（George Mason University）的心理學教授陶德・B・卡珊登（Todd B. Kashdan）稱好奇心為「**喜悅的探索**」——定義是「讚揚並渴望尋求新知識與新資訊，在學習和成長中獲得喜悅」。

　　本書推廣好奇心與喜悅的精神，助你達成具有生產力的目標，也可以增加生活的樂趣。

　　運用的方式有千百種。

本書使用法

　　你可以按照順序從頭讀到尾，也可以跳著閱讀，感到有必要或心血來潮時，翻到需要參考的章節。

　　挑選你想探索或享受的觀察面向，當成一場學習之旅、一場遊戲，一切任君挑選。

　　接下來的一百三十一個練習，是一百三十一個機會，從各種角度

進行有趣的探索。你可以真的踏出家門，也可以當成一場思想實驗。不論你決定採取哪一種方式，你將有一百三十一個可以實際做做看或思考新鮮事物的機會。

有時，你可以讓思緒天馬行空。有時，你可以練習專注。

有時，你需要想辦法靜心。有時，你會在最意想不到的情境下恣意遨遊。

有時，你要隔絕一切干擾。有時，你要選擇自己最渴望的分心。你將活在當下或逃脫當下。

每一天都充滿著各式各樣的機會，你可能感到驚奇，可能訝異，可能入迷——你將體驗到令人心醉神迷的日常生活，有機會保持躍躍欲試的精神。簡而言之，你將好好活著。

觀察的藝術

接下來的練習與建議活動，難度分爲一到四級：

超簡單：人人都能做，現在就能試試看。

保證可以：可能得稍微計畫或事先想一想，但沒問題的。

有趣的挑戰：得花點力氣，但不會後悔。

進階練習：觀察將成爲一場冒險。

1 觀看

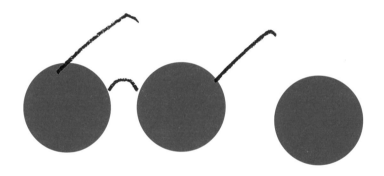

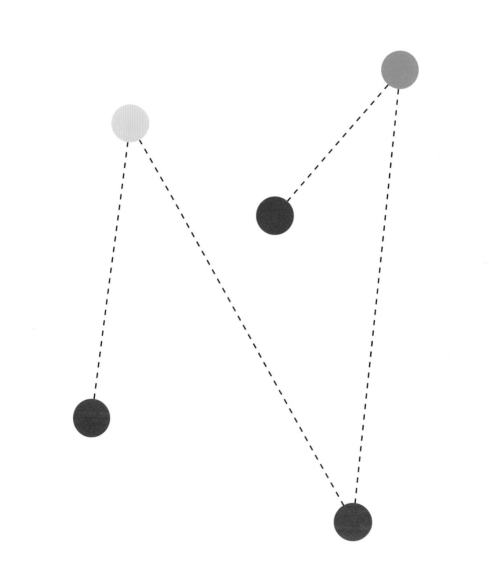

來一場尋寶遊戲

👁 👁

　　幾年前，我去了一趟舊金山。先前我至少去過那座城市六次了，但這次沒時間觀光，改成不管走到哪，都找一找路旁的監視器。

　　這個練習不具什麼特別意義。我對監控科技無所不在的現象感興趣，但這次到舊金山不是為了研究，而是希望替先前看過的街區增添一點新鮮感。這是一場遊戲——一場目標只有一個的尋寶遊戲，享受一下觀察的樂趣。

　　我當時不曉得，但這其實是在建立心智的**「搜尋影像」**（search image）。這個詞彙借自作家與心理學教授亞莉珊卓‧霍洛維茲（Alexandra Horowitz），霍洛維茲則說她是引用著名的鳥類觀察家呂克‧廷貝亨（Luuk Tinbergen）的說法。廷貝亨注意到鳴禽一般會尋找特定類型的甲蟲（或其他食物），也就是可食昆蟲之中牠們最愛吃的那種。鳴禽預先設定好要搜尋的影像，就更容易找到想要的獵物。

　　霍洛維茲解釋，我們就是靠著建立心智搜尋影像，「找到車鑰匙、在人群中認出朋友，甚至在不曾見過的事物中找出各種模式。」霍洛維茲在她實用又有趣的著作《換一雙眼睛散步去》（*On Looking*）寫道：「每個人都需要一個篩選機制，在萬事萬物中知道自己必須找什麼、看什麼，哪些則該忽略。」換句話說，我們需要一個搜尋影像——「以視覺形式呈現自己的預期，好在混亂中找出意義。」

　　舊金山的監視器遠比想像中還要無所不在。有的偷偷摸摸藏在角落，有的則大剌剌擺出來，大概是為了嚇阻可能的犯罪行為。一直到今天，不管去到哪，我都會尋找監視器。

　　這是我第一次實驗刻意的觀察，後來深深著迷，在各式各樣的環

境中，尋找物品和反覆出現的景象。訣竅是選擇一樣無所不在而大家感到理所當然的東西。我研究過公共電話（公共電話都集中在哪些區域、哪些地方不太有公共電話、壞掉多少台？）、送水管（哪些經過改造，以免路人當成凳子坐在上頭？）、街區的警告標誌（哪些街區擺出標示？哪些沒有？）。我在國內外的大城市和小社區，都會特別觀察這些事物。

有時候，這類練習會帶來有形的用途，例如我曾寫過喬治亞州薩凡納（Savannah）遭到毀損的警告標誌（嚇阻力因而大幅下降），也談過送水管被加裝不具實際用途的尖刺，唯一的功能是不讓任何人坐在上頭。

不過，我多數的尋寶活動只是為了好玩——也令人上癮。我拍下在舊金山看到的一些監視器。旅途結束返家時，我在機場打電話給太太，很驚嘆自己看見五花八門的監視技術。「拜託你，」老婆說：「**不要**在機場也搞這種事，到處亂拍監視器的照片。」真的，有時只要單純觀看就好——記在心裡的看。

用心留意

是唯一能確保洞察力的方法，

也是我們對抗強權的唯一武器。

你無法對抗你看不見的事物。

—— 記者米雪爾·迪恩（Michelle Dean）

每日發現新事物

👁

我們當觀光客時，會進入專注的觀察心態。感覺上，我們會留意新地方的**每一件事**。人來到新的地方，直覺就會留心周遭的環境（生態學家連恩·海內漢〔Liam Heneghan〕將這種「人到達異地後，會以開心的心情關注尋常事物的現象」，命名為「allokataplixis」，也就是希臘文的 allo〔其他〕加上 katapliktiko〔驚奇〕）。

然而，我們多數時候都待在熟悉的地方，早已失去原本的新鮮感，把周遭環境視爲理所當然，不再仔細關注，重複的通勤行程令人麻木。研究知覺的心理學家稱這種現象爲**「不注意的盲目」**（inattentional blindness）。

我的一個學生往返於我們的教室時，每天會走過兩個街區，她決定在途中「留意到新事物」。你在騎腳踏車、乘車、坐公車、搭火車時也可以這麼做，不需要科技工具的輔助。

留意：

監視器

廢棄的公共電話

街區警告標誌

機場出現的天然事物（盆栽、猛禽）

鎖匠的廣告貼紙

野草

每月優良員工的布告欄

亂扔的購物車

隨意放置的三角錐

被丟棄的自行車鎖

手繪招牌

基地台

五彩繽紛的散步

👁

　　藝術家孟羅‧葛洛威（Munro Galloway）在色彩課上出了一個作業，要學生散步一小時，「讓色彩當你的導遊。」他指示學生：「感受周遭環境中的色彩。」

　　想一想葛洛威在《閉眼作畫》的練習中提出的下列問題：

- 你最先注意到哪些顏色？
- 哪些顏色慢慢才顯露？
- 你觀察到哪些出乎意料的顏色？
- 你注意到哪些顏色關係？
- 顏色是否似乎隨著時間改變？

開始蒐集

👁 👁

　　一九七七年時，家具設計師喬治・尼爾森（George Nelson）出了一本書，大膽命名爲《如何看》（*How to See*）。那本書的前身是他替美國衛生教育福利部撰寫的小冊子。二十五年後，觸手可及設計公司（Design Within Reach）的創始人羅伯・富比士（Rob Forbes）監製更完善的再版，內容主要是尼爾森的攝影集。這一次，尼爾森感到更貼近實情的書名是《我如何看》（*How I See*）。富比士在新版簡介中，稱之爲「一本談論記錄與評估視覺資訊的書」。

　　尼爾森喜歡蒐集，擅長以天馬行空的方式，想出可以尋找與記錄的有趣搜尋影像，包括箭頭、公共時鐘、水溝蓋、街角、幾何形狀、特定的建築細節、禁止特定行爲的標誌與物品，以及一閃即逝的痕跡，如腳印──人類的、動物的，甚至是機器留下的印痕（如果把輪胎痕也算進去）。

　　尼爾森的尋寶活動有時比較接近概念性的尋找，例如尋覓**對比**。他寫道：「尋找堅硬的東西和柔軟的東西，找出這兩種特質的對照。」《如何看》收錄了建築物外的旗幟照片，用以對比「隨風飄揚的布料」和「堅固的牆壁」；還對比「柔軟的嘴脣」與「堅硬的牙齒」；軟式小飛船也被納入──充氣會「變硬」的可塑式物件。尼爾森指出：「區分『硬』與『軟』兩種特質，讓我們以獨特的方式觀看。」

　　尼爾森的書重新問世約十二年後，富比士出版了自己的攝影集，書名是《你自己看》（*See for Yourself*）。富比士尋找的影像目標包括查爾斯頓市（Charleston）的房屋號碼、舊金山的下水道瓷磚，外加較爲抽象的角度與弧度、紋理、重複。他也蒐集各種對比，包括嶄

新與古老、天然與人工、五彩與灰暗、破碎與完整。我最喜歡的富比士影像系列，記錄了阿姆斯特丹的單車鎖在視覺與物理材質的多元性，很令人驚奇——富比士指出，自己「除了研究功能，也研究材質、質地、顏色」。

　　「重點是觀察和思考。」富比士主張：「當你發現某個特殊事物時，就像偶然間發現觀光手冊上沒介紹的咖啡館或商店——你體驗到的世界遠遠豐富許多，因為你是靠自己體驗。」

數你找到的數字

👁 👁

尼爾森最精彩的影像集，或許是他製成投影片的數字合集。尼爾森寫道：「找出都市景象中的數字十分容易，而尋找數字是很好的眼力訓練。」尼爾森的投影片從數字「100」的照片開始，一路倒數至「0」（他花了好幾個月，蒐集到全部的數字照片）。

走路、騎單車、坐車時，開始「數數」，看你最多能數到多少。

尼爾森指出：「尋寶變得更令人心滿意足，獎勵是發現先前沒看見的事物。」「當然，遊戲規則是找到出乎意料的形狀、大小、情境。」

尋找 1，尋找 2，接著尋找 3，一直找下去，最後結束在此次旅程的尾聲。也可以下一次出門、下下次出門時，繼續數下去，數個一星期、一個月、一年……也可以一生不斷地數下去。

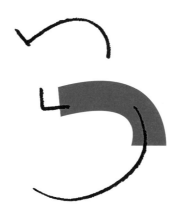

記錄（看似）一模一樣的東西

◉ ◉

　　軟體開發者雅各·哈里斯（Jacob Harris）定期拍攝萬里無雲的藍色天空——幾乎一模一樣的藍色方塊。哈里斯稱這個攝影系列爲「天空漸層」（Sky Gradients）。

　　「天空漸層」攝影計畫的重點在於遵守嚴格的拍攝限制；哈里斯受到一九九〇年代電影創作運動「逗馬宣言」（Dogme 95）的影響；運動發起人是丹麥導演拉斯·馮提爾（Lars von Trier）與湯瑪斯·凡提柏格（Thomas Vinterberg）。兩人提出的電影宣言認同說故事的力量，但也以強調「限制」出名——不打燈，捨棄濾鏡技巧，也不使用其他特效，盡量在各種限制下拍片。

　　哈里斯指出，他眞正的動機與激發創意沒有太大關聯。他在《大西洋月刊》網路版（TheAtlantic.com）寫道：「我不覺得自己和藝術家沾得上邊，也不把這個計畫當成藝術。」「這其實是我的冥想法。」哈里斯有時確實是因爲一時無聊才拍下照片，不過他說他「不是爲了打發時間，而是爲了記住那一刻，即便方法相當抽象」。

　　哈里斯有時會忘記照片的拍攝地點，或是到底爲何要拍。「這和寫日記或丟石頭到水裡很像，是在標示那一刻，也是在讓那一刻流逝。」他指出：「我手邊通常沒有筆，身旁一般也不會有石頭或池塘，但我永遠帶著手機。有的時候，即使心情不好，外頭依舊是美好的晴朗日子。我掏出口袋裡的手機對準天空，嘆一口氣，拍下照片。」

　　我朋友戴夫·沃克（Dave Walker，我們同姓，但沒有血緣關係）也有類似的消遣活動。他用特寫鏡頭拍下紐奧良一帶的電線杆——照下非常、非常多的細節。有時照片呈現電線杆的紋路，有時上頭釘滿

U 形釘，不小心沾上一抹油漆，或是插了一根歪七扭八的釘子。每根電線杆顏色各異，隱約浮現出一些模式。每次我走在路上看到電線杆，都會想起戴夫，開始尋找戴夫可能觀察到的暗藏視覺趣味。

　　人行道、停車場、草地、樹幹──人為和自然的景色都會帶來無窮無盡的可能性。

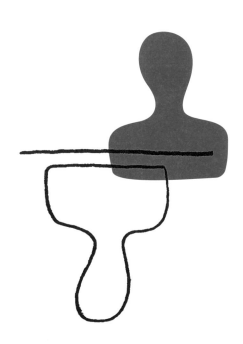

慢慢看

藝術家羅伯特‧爾文絕對是支持觀察的模範人物。如同勞倫斯‧韋施勒（Lawrence Weschler）在《看，就是忘掉看的東西的名字》（*Seeing is Forgetting the Name of th Thing One Sees*）所言，爾文的作品聚焦於觀看的體驗與脈絡，重點不在於打造藝術品，而在於「讓大眾意識到自身的感知」。

爾文起初是畫家，但花很多時間盯著畫布，什麼也不畫。他極度在意作品展示空間中的各種細節，如角度、地板、燈光。有一次，爾文在西班牙整整待了八個月，沒創作任何作品。

「把注意力集中在一個點一段時間之後，我找到某種力量。」爾文告訴韋施勒：「過了一陣子，你彷彿剝去那樣東西的外殼，有辦法進入更深層的邏輯，找出這樣東西是以什麼樣的方式產生意義。」爾文的創作素材日後逐漸轉移到壓克力板，把光當成媒介，創作出「隨場地變化」的作品。爾文的裝置藝術改變了我們看待空間的方式。

我們可以借用爾文的作法，改成人人都能應用的練習。「慢速藝術日」（Slow Art Day）就是一個例子。其官網 SlowArtDay.com 的介紹指出，這一年一度的活動在全美各地舉辦，參加者在博物館集合，「觀看五件藝術品，一件看十分鐘，接著在午餐時間集合，討論剛才的體驗。」

你不必等到下一個慢速藝術日到來才這麼做。花那麼多時間看一件藝術品非常有趣，但你也可以選擇地區大賣場的五項商品，一個看十分鐘。

慢慢看聽起來簡單，但其實是很前衛的作法。紐約大都會藝術博

物館的一項研究發現，遊客平均會在每幅畫作前面待十七**秒**。從慢速藝術日最基本的十分鐘往上加，你將一窺是什麼引發了爾文發人深省的觀照過程：你將看見自己原先忽視的細節，找出新的連結，重新思考自己的第一印象。

我們花大量時間，

低頭看手機或自己的腳，

甚至只是左右水平地掃過商店的櫥窗。

不妨提醒自己抬頭看看建築物的上方。

屋簷底下仍可發現希臘神話中的豐裕角花環、

古代傳說中的憤怒獅鷲，

以及過往廣告招牌殘留的痕跡。

—— 藝評家艾莉絲‧湯蘿（Alice Twemlow）

往上看——往上，再往上

👁

　　每一年，我至少會有一個學生靈機一動，發現：「如果想看見過去沒留意到的事物，那就抬頭往上看，那是個探索的好地方。」一開始，可以偶爾把視線從手機往上挪就行了。抬頭看不在正前方的東西，往上看。

　　設計作家湯蘿創立了視覺藝術學院的研究所課程，我因此與她結識。湯蘿表示，也難怪許多思考注意力的人士都指出，花點時間看看上方，妙用無窮，「因為那千眞萬確。」

　　往上看是很好的起點，不過湯蘿還有另一個點子：**再往上看一點**。

　　「如果你多往上看一點——眞的把頭整個往後仰，看著屋頂，你會慢下來，或是完全靜止不動。」湯蘿說：「你可能看見晾著的衣物在風中拍打，群鴿返家，囚犯在圍籬場地打籃球，或是有人在高低起伏的水塔、煙囪、天線之間做私人日光浴。」

　　上方是我們移動時可能瞥見的地方。

　　再往上則是動作與活動的暫停。

　　「我最喜歡數煙囪。」設計師作家英格麗・費托・李（Ingrid Fetell Lee）表示：「尋找煙囪會讓你的視線往上，這麼做似乎會提振心情（可能的原因是有更多光線進入眼睛），此外還讓你瞥見城鎮中完全不同的角落。你將注意到天際線的起伏、各式各樣的屋頂、生活在屋椽與樹梢上的野生動物。」

　　身兼編輯與作家的莎拉・李奇（Sarah Rich）有一次告訴我：「我今日多給自己一點的視覺體驗是『高』空中的飛機與鳥兒。我得抬頭看著上方一陣子，有點像在白天尋找衛星的活動。」看得愈高，看到任何東西所需的時間也愈長。

　　找個地方坐下來或躺下來，再往上看。慢慢來，看看上方有什麼，然後再往上看。

從 同 一 個 視 線 方 向 一 看 再 看

　　我的學生史蒂夫‧漢彌頓（Steve Hamilton）留意到在教室不遠處，有一張「格格不入的長椅」。史蒂夫發現「沒人會坐在那張椅子上」。他養成每天坐在上頭十五分鐘的習慣，研究來來往往的行人。

　　周遭環境中許多熟悉的角落也一樣。你可以坐在平日鮮少望出去的辦公室窗邊，或是坐在自家門廊上，刻意一看再看相同的景色。一段時間後，你八成會發現，其實並不是每日的風景「都一樣」。

望著窗外

　　找一扇你一直沒留意的窗戶，看著窗外十分鐘。看是在辦公室、臥室，或任何地點都可以。找一扇一直都存在、你甚至忘了它在那裡的窗戶。

　　檢視那扇窗凸顯的邊角，找出三件你不曾留意的事物，描述眼前的景象。

　　下次路過另一扇新的窗子，停下來看一看，研究窗外景色，數一數小細節，尋找在被動的東西，想想你無法掌控的狀況，看看會發生什麼事。

窗戶是強大的

存在主義工具……

你唯一需要做的事

就是看。

你無法決定

自己將看到什麼，

大腦被迫按照

冒出來的東西自行編故事。

無聊的事也會變得奇特。

── 藝術家山姆・安德森

（Sam Anderson）

重新框架熟悉的事物

👁 👁 👁

　　我的另一位學生露西‧諾普斯（Lucy Knops）受到藝術家爾文的觀看習慣啓發，思考如何**框架**自己看見的東西。她用可以重複書寫、擦拭的壓克力板，製作拍立得大小的實體相框——就像是可攜式的窗子。諾普斯解釋用法：「拿起這個框，對準一樣東西或景物，在上頭寫下一、兩個字。」例如：**漂亮、空白**或**多雲**。

　　「接下來，」諾普斯繼續說明：「把框對準其他東西，但留著原本的描述。」先前的描述如何影響了你這次看到的東西？

　　以上的點子與柯麗塔‧肯特修女（Sister Corita Kent）的作法有異曲同工之妙。肯特修女是修女，也是藝術家。她在《用心學習：釋放創意靈魂的方法》（*Learning by Heart: Teachings to Free the Creative Spirit*）一書中，鼓勵大家拿幻燈片的片夾當「立即取景器」。你也可以自製；在厚紙板上切割出一個長方形的洞，用來縮小或重新框架你的視野。「這個取景器可以協助我們跳脫情境。」肯特與合著者簡‧史都華（Jan Steward）寫道：「我們得以爲看而看。」

用超慢、超慢的速度看

◉　◉　◉

　　珍妮佛・L・羅伯茲（Jennifer L. Roberts）在教藝術史的時候，要求學生用「久到令人痛苦的一段時間」觀看一幅作品。究竟要看多久？答案是三小時，也難怪學生抗議。

　　「人們通常以為視覺是瞬間的。」羅伯茲寫道：「看，感覺上是直接、不複雜、瞬間完成的動作──據說這就是為什麼在當代的科技世界，視覺成為傳遞訊息時最主要的感官能力。然而，學生做這項作業時，本能就學到，任何藝術作品都一樣，某些細節、規律與關聯需要花時間才能夠察覺。」

　　羅伯茲指出，她的學生不再那麼抗拒那份作業之後，發現非常、**非常**緩慢地觀看，讓自己不得不注意到一開始忽略的事，有時甚至整個改變他們對於作品的理解。緩慢觀看的過程，會開啟第一眼沒注意到的意義與可能性。

　　除了凝視藝術品，這個作法也可以應用在其他場合。用真的很慢、很慢的速度看著任何東西，八成就會看見意想不到的豐富世界。

一看再看

👁 👁

　　文化記者藍迪・甘迺迪（Randy Kennedy）刊登在《紐約時報》（*The New York Times*）的文章提到，他在大約十年間，反覆觀看大都會藝術博物館收藏的卡拉瓦喬（Caravaggio）的畫作《聖彼得不認主》（*The Denial of St. Peter*）。這些年來，甘迺迪看待那幅畫的方式不斷轉變。他以前認爲彼得是那幅畫的主角，但後來感到畫中的另一人才是眞正的中心人物：大呼彼得是耶穌追隨者的女僕（聖經福音書中的記載）。甘迺迪如今認爲，女僕在指控當下所呈現的「猶豫與惻隱之心」，賦予了那幅畫力量。

　　甘迺迪多年間醞釀出來的看法，有可能違反歷史證據或較官方的藝術詮釋，但他不在意。「看一幅畫看這麼久，你幾乎可以在心中看見那幅畫，最後那幾乎成了你自己的畫，」甘迺迪寫道：「跟別人看到的畫不再是同一幅。」

　　幾乎任何影像或物件都能依樣畫葫蘆。好好花時間端詳你看過的東西，一遍又一遍地看——直到你和甘迺迪一樣，能夠以其他人辦不到的方式觀看。

在博物館要看什麼

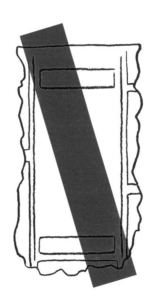

玩一玩「買、燒、偷遊戲」

👁

　　尼克・葛雷（Nick Gray）指出，許多人在博物館感到渾身不自在，他的公司「博物館駭客」（Museum Hack）因此提供特別的導覽服務，打破拘束的氣氛，揭開博物館的神祕面紗，讓博物館不再是令人蕭然起敬的安靜空間。葛雷表示：「我們的策略是讓民眾愛上博物館，讓更多人更常造訪更多的博物館。」

　　博物館駭客提供有態度的導覽，請來上知天文、下知地理、活力十足的解說員，用大白話介紹。此外，他們向參加者介紹基本知識，例如典藏編號代表的意涵，或是如何自己做研究。有時，博物館駭客還會依據策展員的構想，請參觀者用五花八門的方式看展——像是找出收購成本最高的展覽品。此外，他們會玩現場遊戲與大挑戰，鼓勵參加者以真誠不做作的方式，和藝術品及其他參加者互動。

　　「買、燒、偷遊戲」是其中一個有趣的好例子，玩法是請參加者仔細觀看某間美術館所有的展覽品，接著決定自己會願意購買哪幅作品，哪幅作品討厭到想燒掉，哪幅作品則是喜歡到好想偷走。

　　「買、燒、偷遊戲」最棒的地方是隨時隨地都能玩，自己一人或是和其他人一起玩都可以。

除了藝術品本身，什麼都研究

　　博物館的空間經過仔細規畫，一路引導參觀者該把注意力放在何處。你理應看著展示品——藝術品、歷史文物、科學標本。此外，還應該看牆上貼著的文字說明或相關資訊。打光、空間布局與其他林林總總的安排，目的是促使你注意到策展人明擺在你眼前的東西，其他的都不重要。

　　我有時會好奇，參觀博物館時那種正式嚴肅的拘謹氣氛，是否造成某些參觀者習慣性地把博物館當成自己不該去的地方，甚至是看展時心不在焉。如果你造訪過那種有鎮館之寶的博物館，就會知道我在說什麼，例如擺著達文西《蒙娜麗莎》的羅浮宮，或是存放著林布蘭的《夜巡》（*The Night Watch*）的阿姆斯特丹國家博物館：每個人忙著用手機或其他裝置拍照，沒人真的**在看**展覽品（當然，這些場館還收藏了其他重要、但沒那麼出名的作品，可以仔細端詳，不必像在搖滾區那樣擠破頭）。有的博物館參觀者更離譜，多數時間忙著自拍，記錄自己親眼見證偉大的作品，但是根本懶得看藝術品本身。

　　如果說把博物館當背景，幾乎已經成為一種滑稽劇——你看，我在看我應該要看的東西（勉強算是在看），那麼更有意義的策略或許是留意作品以外的東西，**任何東西都好**。

　　下次你造訪任何類型的博物館，記得花點時間研究展覽品以外的東西，接下來幾頁提供了檢視清單：

尋找缺點

👁 👁

　　「你來博物館時，通常會走向藝術品。」藝術家妮娜·卡查多莉安（Nina Katchadourian）指出：「位於邊緣視野的很多東西，不論是一旁的物品，或是你沒特別留意的事物，全被當成不值得去看。」卡查多莉安質疑「哪些東西才有資格要求大眾留意、哪些則沒有」的概念，她發起「搜集灰塵」（Dust Gathering）這項獨特的計畫，在現代藝術博物館（Museum of Modern Art, MoMA）提供語音導覽，主題完全集中在博物館的灰塵，例如：灰塵積在哪裡、誰負責清理灰塵、博物館如何盡量消滅灰塵。卡查多莉安為了這場全新的導覽，大量訪問了幕後工作人員——此外，她也養成在一塵不染的博物館裡尋找灰塵的習慣。

　　「現在我進入博物館的建築物之後，會感受到一股家居的氣氛；那種感覺很奇妙。」卡查多莉安日後告訴訪談人：「對我來說，博物館以一種奇怪的方式掉下神壇。我過去一直認為現代藝術博物館令人敬畏，有點像神殿。」當然，博物館原本就是故意設計成會引發參觀者的敬畏：敬意是很重要的注意力引導工具，記得挑戰那股要你臣服的力量。

想像警衛的生活

留意警衛身上穿什麼，還有警衛的表情、警衛盯著什麼。想像警衛與展覽品之間的關係。不要預做假設，不要打擾警衛（你會訝異有多少採訪與攝影計畫是以博物館警衛為主題），只需要想像警衛的生活就好。

留意捐款人士的名字

幾乎所有的博物館都會在牆壁掛上各種牌子，以感謝捐款人與贊助者，也會列出博物館內個別展區與展場的命名原因。研究一下那些人士是誰。

研究其他博物館參觀者的行為

攝影師史蒂芬・卓山（Stefan Drashan）提供了這方面的點子。他花很多時間待在博物館裡，觀察並記錄其他參觀者，順便也留意參觀者與展覽品之間的關係。他有一個攝影系列是〈碰觸藝術品的民眾〉（People Touching Artworks）。博物館幾乎一律禁止碰觸展示品，但其實不少人照摸不誤。另一個系列則是搜集在博物館睡覺的人們。〈與藝術品撞衫的人〉（People Matching Artworks）這個系列，則拍

攝停下腳步看畫或經過畫作前、打扮恰巧和畫作很搭的民眾。先從借用卓山的點子開始,接著發明自己的觀察計畫。

偷聽參觀者之間的交談,或是工作人員跟他們說什麼
👁

　　音樂家／藝術家約翰‧坎能伯格(John Kannenberg)曾隨手記錄各種聲音片段,創作出〈芝加哥藝術博物館的聲音地圖〉(A Sound Map of the Art Institute of Chicago)。譬如,某警衛警告靠近油彩畫《美國哥德式》(*American Gothic*)的參觀者「不能用閃光燈拍照」,就被他錄下來。他還在另一間展覽館錄到一段對話,內容大意是「訪客和警衛說話時,質疑藝術博物館的印象派收藏品質」。模仿坎能伯格的例子,聽一聽周圍的人在說些什麼。

做不相關的事
👁 👁 👁

　　一個好玩的點子是僅僅把博物館當成背景,是我們在做其他事的時候,一個不小心待在裡頭的環境。那些「其他事」是什麼?目前已經有好幾間博物館實驗過開放自家的空間,在一大早或離峰時段舉辦冥想課或瑜伽課。想一想你平日維持身心健康的活動,可以怎麼和你最喜歡的博物館搭配在一起。和其他人分享你的點子。

留意可以是藝術的物品

　　二○一六年發生一件小小引發騷動的事件。有人惡作劇，在舊金山現代藝術博物館（San Francisco Museum of Modern Art gallery）的地板放上一副眼鏡——結果很快就有一群參觀者圍上去（拍照），還以為那副眼鏡是藝術品。這種事每隔一段時間就會發生，為什麼會這樣？作家湯姆·范德比爾特（Tom Vanderbilt）指出，博物館是一種特殊的情境，「被稱為一種『觀看的方式』，甚至可能是一種訓練場地，教你如何看更寬廣的世界。」范德比爾特表示，這也解釋了為什麼設備或滅火器也可能被誤認成藝術。簡單來講，我們事先被提示將在博物館看見藝術品，因此每樣東西看起來都像是藝術品。

**瞭解相關地點背後的原理，
就更能清楚觀察到裡頭的東西。**

讓一樣東西變成藝術

👁 👁

我和太太有一次在某間當代藝術博物館裡閒晃。有一個小小的展示區裡什麼都沒有，只擺著兩個巨大的木箱。我一頭霧水，不確定木箱裡是否裝著等待開箱的藝術品，還是木箱本身就是藝術品。

我像個笨蛋一樣尋找線索——看看牆上有沒有小牌子寫著作品的名稱與出處資料（有的話，是藝術品！），看看箱子上有沒有貼著業務用途的貨運標籤（有的話，那裡頭就**裝著**藝術品！）。結果我找不到斬釘截鐵的證據，沒牌子也沒標籤，我和太太討論了一陣，決定由我們說了算：這些箱子是藝術品。

這整件事太蠢了，我們兩個人都笑了起來，但我也想起達達主義的杜象（Marcel Duchamp）當年在小便斗上簽名，提交給獨立藝術家協會（Society of Independent Artists）參展。那個小便斗大概是杜象最出名的挑釁，挑戰什麼叫「藝術」，直到今天都為人津津樂道。杜象挪用已經存在的字詞與影像，經由一個簡單的舉動，就重畫了「日常生活」與「地位崇高的事物」之間的界限：藝術是我說了算。

想一想你平日經常散步、開車或搭乘交通工具經過的地方，甚至是第一次造訪的地區也可以。想像你是策展人，你決定把你留意到的某樣東西，向公眾宣布那是藝術品。

某座歪七扭八的高壓電塔，或許象徵著需要現在就處理的市容問題。某根孤單的柱子，看來是某排消失柵欄的遺跡。甚至某個瞪著人的孩子，也可以是你的藝術品。

請賦予自己一項超能力：不管走到哪，都能點石成「藝術品」，觀察那將如何改變你覺察的事物。**藝術無處不在，你說了算。**

小中見大
◉ ◉ ◉

　　艾力克斯・卡爾曼（Alex Kalman）是「博博物館館」（Mmuse-umm）這間奇妙博物館的館長。博物館藏身在曼哈頓下城的寇特蘭巷（Cortlandt Alley），那條巷子少有人車經過，總長僅一個街區。整個博物館展場是一個迷你的六乘六英尺（約一八〇乘一八〇公分）的空間，由貨梯改建而成。目光所及的展覽品與展示空間一樣奇特；卡爾曼指出，他的展覽品是具備「本地精神」的日常物品。在某些人眼中，大概都是些隨便亂放的不值錢小玩意，事實上卻反映出，在人們忽視的角落，厲害的雙眼可以找出潛藏的意義。

　　某次我造訪時，卡爾曼強調：「這些物件的用意不是被當成藝術看待。」那些東西透露出「我們的心理、我們的需求、我們的欲望」，「那是構成我們是誰的元素。」

　　「博博物館館」空間有限的幾面牆上，釘著幾個窄小的架子，卡爾曼定期擺上五花八門的物品。他指著一個小牌子，大約只有兩英寸見方（五乘五公分），顯然來自汽車旅館。上頭寫著：「親愛的貴賓，」由於「我們的客房設備極受歡迎」，房內的各種擺設都有出售，鬧鐘二十五美元、毛巾十五美元，每樣物品都有標價。「如果您決定直接自房內拿取，不另行向行政管家購買，本館將自動認定您同意我們自您的戶頭扣取款項。」

　　翻譯成白話文就是：您愛怎麼偷就怎麼偷，我們將向您收錢。「博博物館館」的展覽目錄解釋：「這件展覽品便是一位資本家處理犯罪的結果。」

　　卡爾曼擁有過人的**觀看**能力，日常的零碎物品因此能帶來引發共

鳴的感受。卡爾曼不諱言自己在這方面其實受到父母的影響：他的父母是設計師蒂博爾·卡爾曼（Tibor Kalman）與藝術家瑪拉·卡爾曼（Maira Kalman）。「每個家庭都有母語，一種在家說的語言。」他指出：「我很幸運，我家的母語是『看』。我被養大的方式是到處看。」

在卡爾曼的成長過程中，父母讓他發現平凡事物中的驚奇，例如他還記得有一天放學回家時，有人正在他們家的客廳，用「不可思議的精準度」裝設一組洋蔥圈——那種你用油膩膩的湯匙挖著吃的食物。他的父母顯然判定洋蔥圈值得嚴肅看待。簡單來講，卡爾曼說「自己一生都在仔細觀看」，「尋找著事物中的人性、幽默與荒謬。」

這樣的教養方式讓卡爾曼得以解構汽車旅館的牌子：那個陪襯用的小東西透露出複雜的思考，涉及財務安全與獲利的動機，用迎賓的親切語言遏止犯罪。卡爾曼希望「提醒我們，我們真的應該充滿好奇心，好好四處看看，不要把周遭的一切當成理所當然」。他說：「**你可以對捲筒衛生紙、咖啡杯蓋或洋蔥圈產生好奇，並且找到樂趣。**」想著：「或許這就跟社會政治報導給我們下的標籤一樣，深深定義著我們是誰。」

「這就是小中見大。」

從「是」改成「可以是」

◉ ◉ ◉

　　心理學家與作家亞當・格蘭特（Adam Grant）寫過一篇文章，試圖拓展一般對於正念的看法。他提到一種稱作「**條件式思考**」（conditional thinking）的思維模式，也就是「按照條件來思考，不把事情當成絕對如何如何」。格蘭特舉了一個實驗當例子：受試者拿到幾樣物品，實驗任務是修正寫錯的鉛筆字。兩組人拿到的東西是一樣的，但其中一組拿到的物品描述較精確，如「這是一條橡皮筋」。另一組人則拿到稍稍不同的描述，較模糊，如「這可以是一條橡皮筋」。

　　格蘭特解釋，第二組的人因此被悄悄促發了條件式思考──不去看「**是什麼**」，而是「**可以是什麼**」。條件思考組中，大約有四成的人發現橡皮筋也能當作橡皮擦。絕對思考組僅有三％的人靈光一閃，得以完成任務。

　　格蘭特談條件思考的文章，讓我想起自己認識的一個人。那位仁兄自稱「害群之馬」（Rotten Apple），正職是設計師，副業是規模小但創意十足的「介入」（interventions）。他讓人們視而不見的城市物品化身成為行人環境中有用或引人注目的元素，譬如：小朋友的夾

> 從「是」改成「可以是」，
>
> 你將更懂得留心。
>
> ── 亞當・格蘭特

式座椅可以將單車變成椅子；丟棄的砧板被改造成棋盤，固定在消防栓上；數獨遊戲可貼在地鐵站瓷磚上；廢棄的路障帶可以當成跳繩。

「害群之馬」是厲害的條件式思考者。在他家附近隨便散個步，他就能告訴你自行車架可利用的小細節，或者解釋塑膠材質的交通護欄是如何灌水增加重量。他話說到一半，會撿起被亂扔的牛奶箱或其他的棄置物，留下來日後利用──「害群之馬」簡直永遠在留意「**可以是什麼**」。

你不必是街道設計師，也能享受到條件式思考的好處。**尋找「某個」答案，不要尋找「特定」答案，就能轉換視野，讓視野寬闊起來。**

別拍照，用畫的

　　智慧型手機讓許多人習慣走到哪、拍到哪，用照片記錄每日的生活。這個大家熟悉的變化，大多數人覺得滿好的，有些人則十分感嘆。不論你站在哪一邊，下次你想拍照捕捉某個有魅力或有趣的景色，何不試試改用畫的？

　　用畫的來代替，至少可以回溯到維多利亞時代的批評家暨作家約翰‧羅斯金（John Ruskin）。羅斯金在攝影興起的年代，主張會畫畫的人觀察力遠遠勝過不畫畫的人。

　　當然，許多人認為自己「不會畫畫」，就代表不是很擅長，覺得試圖畫出東西令人沮喪或是很丟臉。我有時也是這樣。

　　好消息是，你不必把你的畫作拿給任何人看。買一本便宜的小筆記本，下次想用手機拍照時，就把筆記本拿出來，畫下一樣東西——一樣就好！然後再來一遍。畫畫能讓你慢下來，豐富你見到的景象。

　　填滿你的筆記本吧。

畫畫的一大優點……

在於你看著某樣東西時，你都是第一次看到。

你的一生中，每樣東西都可以是從未看過的。

——美國平面設計師米爾頓‧格拉瑟（Milton Glaser）

什麼都畫
◉ ◉ ◉

畫畫會讓人集中注意力。

「塗鴉筆記」（sketch noting）這種筆記方法，靠的是即席創作，結合指甲大小的圖畫與去蕪存菁的文字。許多提倡塗鴉筆記的人士，喜歡分享自己為何熱愛用這種方式記錄演講或課堂筆記，以及實際採取什麼樣的方法。

設計師與教育工作者卡拉‧戴安娜（Carla Diana）提供另一種版本的有趣塗鴉筆記。戴安娜表示：「我發現把看到的每樣東西都分開畫下來，可以幫助我觀察得更仔細，例如會議室的擴音器、鹽罐、電燈開關等等。」

拆解幾乎**所有的**視覺情境，將帶來意想不到的發現。你的書桌、咖啡桌、床頭櫃大概擺著各式各樣的東西，自成一幅迷你景色；日子一天天過去，有的物品來來去去，有的似乎固守陣地。把每一樣東西和整體的擺設分開來思考。把視野裡的每樣東西想像成一系列的畫作，開始創作你的系列畫吧。

畫下你剛才離開的房間

　　仔仔細細觀察你的實體環境，接著走到另一個地方，畫下你剛才離開的房間是如何布置的。不需要完整重現細節，但是要努力捕捉到空間的基本樣貌，包括房內有哪些擺設──如門窗在哪個位置、家具在哪裡。

　　試試看吧。

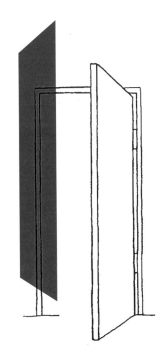

尋找情節

👁 👁

　　《城市小偷指南》（*A Burglar's Guide to the City*）的作者喬夫・馬南（Geoff Manaugh）走進銀行或餐廳時會想：如果這個地方發生犯罪，像是竊盜搶劫什麼的，誰會被波及？獨自坐在角落的那個人？在外頭閒晃的那個人？**這裡會發生什麼事？**

　　猜測接下來**可能**發生什麼事，需要用心專注於關鍵細節。馬南用遊戲來比喻。觀察參加公開活動的人們：誰看起來很眼熟，為什麼？看著陌生人屋內架上的書籍時，可以發現屋主的興趣是什麼嗎？馬南在容易地震的洛杉磯找房子時，自問：我該查看建築物的哪個部分才能找到線索，瞭解萬一發生最糟的狀況，屋內哪一處會先垮下，是木頭飾板、不平的骨架、還是鬆脫的地板？

　　馬南坦承，這種思考方式聽上去有點負面，不過他解釋：

　　「我一般會留意日後能派上用場的事物。」

觀察「力量」

👁 👁 👁

社會科學家平日仔細觀察世界上的事實，不過那只是起點。杜克大學心理學與行為經濟學教授丹‧艾瑞利（Dan Ariely）撰有《誰說人是理性的！》（*Predictably Irrational*）等書籍，他表示：「不只要觀察一個人做些什麼，還要瞭解背後的原因。」

艾瑞利專門研究如何影響人類行為 —— 要影響的話，首先得瞭解是哪些因素促成了那樣的行為。艾瑞利解釋：「假設我們去了酒吧，看見有人在約會。」此外，我們注意到那個地方很吵、很暗、很擠、有酒：這些聽起來全都像是觀察。「然而，我是社會科學家，我得像在思考牛頓的物理學問題一樣。」艾瑞利繼續說明：「我會問：『是哪些**力量**在發揮作用？』為什麼來自四面八方的人都有興趣待在這個地方？」

艾瑞利提供了幾種解釋：「或許嘈雜的地方，有助於避開令人尷尬的安靜時刻。」他指出：「或許在很吵的地方，人們有機會坐近一點，偶爾咬耳朵交談。」或許，跟很多人待在一起能夠帶來安全感 —— 也有各式各樣的活動可選擇，不會有人突然成為鎂光燈的焦點，諸如此類。

嚴格來講，此類「力量」是無形的，它們是心態、感受、直覺，就連當事人都不一定清楚意識到。

隱形的力量是有趣的搜尋挑戰 —— 尤其是一大群人被吸引（或是被迫）聚在一起的時刻，開派對或是到汽車監理所報到都算。

我們看見的東西與我們知道的事之間，

永遠沒有一定的關係。

每個傍晚，我們見到太陽西下，

知道地球正在自轉，開始背對太陽。

然而這個知識、這個解釋，

永遠與我們見到的景象不太搭得上。

—— 藝評家約翰·伯格（John Berger）

試著像他們一樣觀看：

歷史學家

毀損公物者

未來學家

糟糕賓客

即興表演者

孩童

像歷史學家一樣觀看

👁 👁

　　幾年前，馬修・弗瑞・雅各布森（Matthew Frye Jacobson）走在曼哈頓中城時，注意到一件令大家嚇一跳、但也平凡無奇的事。一個體育館用的超大立體螢幕上播放著循環影像：一名年輕女子用充滿性暗示的姿勢，在彈跳床上跳上跳下，拋著誇張的媚眼。不論你覺得那個畫面很性感，或者咕噥著世風日下、人心不古，你很難不去注意這名女子。

　　雅各布森是歷史學家，在耶魯大學教美國研究。他發現民眾一下子就覺得，這個「大螢幕上蹦蹦跳跳的女子」沒什麼好大驚小怪。雅各布森要學生思考這個畫面的照片。一眼看過去，當然看得出這個景象不是來自一九三〇年代的美國，甚至不是一九七〇年代。進一步想想，也能推斷在當前的世界，這個畫面不會出現在某些國家與文化。

　　雅各布森提問：在什麼樣的前提下，必須有哪些先決條件，這樣的影像如果在公共場合播放，民眾有辦法一下子就接受？

　　雅各布森的學生因此在課堂上探索起科技的演變；個人政治與文化習俗的變遷；女性主義與反女性主義；在不同的文化與民族國家，有哪些與性、廣告等主題相關的社會規範；以及公共空間的商業化等等。雅各布森表示：「我能教他們的，比不上這張照片能帶來的深度思考。」

　　就連以最粗俗的方式抓住我們注意力的事物，也擺明了藏有一段祕密史。解構分析一下。**記得要用你自己的方式來看世界。**

從破壞公物者的角度觀看

　　據我所知，用最具創意的方式觀察街景的人士是街道藝術家。他們檢視人造環境，找出能以最有效的方式挪用的空間。我最感興趣的幾位街道藝術家，他們的作品納入且轉換了城市元素。

　　舉例來說，美國藝術家馬克・詹金斯（Mark Jenkins）把幾片吐司插在街道一格格的通氣口上，彷彿剛從吐司機跳起來。還有一次，他鋪了一條紅毯，直通下水道的入口。

　　藝術家 Oakoak 的歐洲作品同樣令人會心一笑。他的塗鴉融入街景，似乎和人行穿越道、路障、建築物的元素互動。

　　加拿大的艾登・葛林（Aiden Glynn）為垃圾箱與變電箱等街上的無聊風景，畫上可愛的漫畫大眼睛。

　　法國藝術家克萊特（Clet）則在既有的交通號誌上添加影子人。

　　我可沒慫恿你**成為**街道藝術家 —— 不是每個人都想為了發揮創意，冒著被扔進監獄的風險。今日，我們輕輕鬆鬆就能觀賞到世界各地這類有趣的街頭作品，上「街道藝術烏托邦」（Street Art Utopia）這樣的網站，即可欣賞。此外，你也可以在心中當個街道藝術家就好，借用街道藝術家觀看事物的方法，想像街道就是你的畫布，你會想怎麼改造？

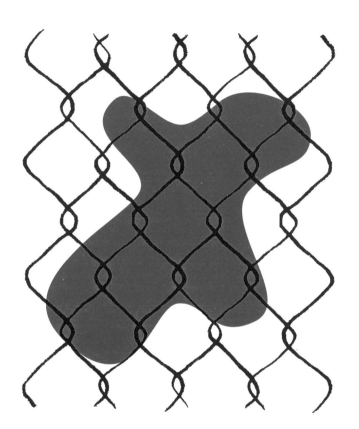

像未來學家一樣觀看

◉ ◉

瑞塔‧J‧金恩（Rita J. King）是未來學家（未來學是專業領域中聽起來最神祕的一門學問）。她是策略顧問公司「科學屋」（Science House）的聯合負責人，協助企業替未來籌備大型計畫，客戶從新創公司到財星百大公司（Fortune 100）都有。此外，金恩還提供類似的服務給美國國家科學院（National Academy of Sciences）的「科學娛樂交流中心」（Science & Entertainment Exchange），並與 NASA、IBM、CBS 新聞合作。

金恩表示：「你必須先瞭解帶我們走到今日的模式，才有辦法瞭解未來。」也就是說，前提是你必須先瞭解過去並密切觀察今日。金恩表示，她尤其需要看到事物的「確切細節」，那些東西就在眼前，但要留心才看得到。她說自己是**「徹底的現在主義者」**。

金恩建議一種任何人都能做的簡易練習。「挑一個地點，例如地方上的公園，路人來來去去的地方。」她說：「坐在那個地方一小時，寫下你看到的每個人的三件事。如果人太多，一次挑一個人就好。重點是留意到某件事，可以是實體的，也可以是比較無形的事，例如他們的聲音聽起來像什麼、他們笑的方式、他們如何聳肩、他們是否戴著婚戒。或許有人把野餐籃當錢包，什麼事都可以記錄。」

你可能注意到一些模式或破壞模式的現象，也可能從觀察結果中察覺到與自己有關的事。你可能在意想不到的情況下，留意到未來能派上用場的事。

像個糟糕賓客一樣觀看

　　一個朋友曾經告訴我：「我通常會尋找最佳的逃脫路線，以免被困在不想待的地方！」我太瞭解那種感覺了。派對、人群，以及其他擠著一堆人的場合，從前會讓我極度焦慮，如今我已學會如何應付，但我走進去之後做的第一件事，就是規畫逃生路線。

　　我朋友也一樣。「每次我參加很不想出席的社交活動時，就會倒車入庫，停在車子不會被擋住的地方。」他說：「或是我會坐在靠近後門的位子，尋找所有的出口。我很想說我那麼做，其實是因為我跟諜報片《神鬼認證》的主角傑森·包恩（Jason Bourne）一樣，是帥哥情報員，但實情是我很容易不痛快，必須想辦法偷偷溜走。我這種奇怪的性格增進了我的觀察能力！」

　　如果你跟我的朋友或我一樣，你直覺就會理解這種感覺。下一次再度處於彆扭的情境時，觀察一下自己的觀察行為——或許加上笑自己一秒鐘。

　　如果你跟我朋友或我**不一樣**，那就試試看！下次出席社交場合時，挪出一隻眼睛觀察，萬一真的**不得不離開**，要怎麼做才能盡量不驚動任何人，五分鐘內就消失無蹤。

像即興表演者一樣觀看

👁 👁 👁

　　一天晚上，查理‧陶德（Charlie Todd）走在曼哈頓市區的聯合廣場，抬頭望見公園南邊一棟六層樓的建築，原本生意清淡好多年，最近卻突然活絡起來，招商全滿，熱鬧滾滾，原因是全食超市（Whole Foods）的新分店進駐一、二樓。然而，陶德注意到的是，在超市上方的樓層、某間大型服飾店的窗邊，有一個年輕女孩正在跳舞。

　　在店內日光燈的照射下，女孩**十分顯眼**，看起來跳得很開心。陶德心想：「真搞笑，她幹嘛在那裡跳舞？」幾秒鐘後冒出另一個女孩，抱住跳舞的女孩——跳舞的女孩大概是玩大冒險輸了，或者只是在逗朋友笑，但她也讓陶德發現一個可以在大量觀眾面前表演的現成舞台。陶德靈機一動：「我來安排讓每扇窗前面都有人在跳舞。」

　　陶德是「到處即興」（Improv Everywhere）的創始人。這是一個「喜劇團體，在公共空間提供出乎意料的表演」。陶德在二〇〇〇年代初來到紐約市，希望當上喜劇演員，找出把城市化作舞台的方法。他早期引發注目的活動包括「不穿褲子搭地鐵」（No Pants Subway Ride，這個活動第一次舉辦時，陶德和其他六個男性，在一個寒冷冬日穿著四角褲，從不同的地鐵站走進同一節地鐵車廂）。這個活動後來成為每年舉辦的儀式，在數十個城市有數千位民眾參加。「到處即興」還組織大型團體，自願參加的陌生人成群在紐約中央火車站（Grand Central Terminal）突然停住動作，或是在大商場唱歌、在公園安靜跳舞等等。

　　舉辦這樣的活動需要超強的動員力，還需要人與人之間基本的信任。陶德寫書談他的「到處即興」，這個團體還成為某部紀錄片的主

題。不過對我來說，陶德的計畫最了不起的地方，在於他每次的點子與表演的起點——他在稍縱即逝的人性時刻，留意到一個更難得的機會，例如發現在商店窗戶後方翩翩起舞的女孩。

「我認為這是在城市中獲得啟發。」陶德表示：「冒出新的建築物，或是有新開的零售商店時，多看幾眼。以不設限的心態，用不同的方式觀看城市。」陶德有一陣子在知名的喜劇組織「高尚市民團」（Upright Citizens Brigade）教即興演出。面對立志從事即興表演者的人士，你能夠提供的最重要訓練，或許就是趁其他男女演員說話或做動作時，聆聽、觀察並完全接受所有的可能性。即興表演因此有一個著名的「沒錯，還有就是……」原則（Yes, and...）：不論夥伴說了什麼、提議什麼，永遠不要唱反調或無視。接受對方的點子，然後接續發展下去。

在你生活的周遭環境裡，練習這樣的開放心態。在日常的例行公事中，尋找人們展現個人獨特性的瞬間。想一想如何放大並延伸那個瞬間，把轉眼即逝的瞬間，改造成令人難忘的時刻。與你的世界互動，說出：「沒錯！還有就是……」

我很珍惜我們小時候極度專心的能力。

我認為我們全都應該加以珍惜，找回那樣的能力，

因為注意力是感激之門、驚奇之門、互惠之門。

今日的孩子讓我十分擔心，他們能辨識

一百間企業的 LOGO，卻認不出十種植物。

—— 紐約林業教授羅賓・沃爾・基摩勒

（Robin Wall Kimmerer）

像孩童一樣觀看

👁 👁 👁

藝評家伯格在他著名的《觀看的方式》（*Ways of Seeing*）系列紀錄片與同名著作中，大力批判視覺文化，梳理祕密史，揭露悄悄存在的偏見。他以深入又縝密的方式探討洞察力，影響力歷久不衰。

然而，伯格也指出，最誠實、最直言不諱、最不虛假的觀察者，通常不是裝模作樣的文化批評家，而是孩子。孩子還沒學到哪些是可接受的文化興趣、哪些不是，在熟悉的事物中也能找到驚奇或新穎之處。孩子注意到我們很久以前就學到要無視的事物。

「孩子看見萬事萬物新奇的一面，永遠處於沉醉狀態。」法國詩人波特萊爾（Baudelaire）寫道：「小小孩全神投入於形狀與顏色時，那股喜悅是最接近靈感的東西」；這是「孩童時期的天賦——那時人生還沒有任何**陳腐的面向**」。

藝術家約蘭達・多明格斯（Yolanda Dominguez）製作過一支我想伯格會喜歡的短片。她請孩子用自己的觀點，評論高級時尚與奢侈品牌的影像。在《孩子 vs. 時尚》（*Niños vs. Moda*）中，她讓幾個八歲孩子看時尚廣告，接著描述自己看到了什麼。一個男孩看到某張模特兒照片的反應是：「她好像……被嚇到。」一個女孩說：「她需要急救箱救她。」另一個男孩補充：「她感到孤單，還有她肚子餓了。」

孩子們的評論雖然聽來令人難過，但也帶來啟發。孩子有什麼說什麼，充滿好奇心，毫不費力就發揮想像力，一針見血。

我們已經看著這個世界太久，或許永遠回不去了，再也找不回當初看著世界的感受。不過，下次你碰到熟悉到麻木的景物或情境時，停下來問：如果是個孩子，他會在這裡看到什麼？

尋找出乎意料的東西

◉ ◉

　　美國作家德維・羅斯巴特（Davy Rothbart）小時候上下學得走到巴士站牌，途中會經過一座垃圾四處亂堆的球場，到處是巧克力包裝紙、廢紙和各種雜物。「有時我會撿起被風吹動的紙張。」羅斯巴特日後回憶：「那可能只是某個孩子的回家作業，但至少接下來的回家途中，我有好玩的東西可看。」

　　撿東西來看變成羅斯巴特的嗜好。他念大學時，學校連接數百台電腦的兩台印表機旁，擺著被丟棄、遺忘的影印廢紙。羅斯巴特喜歡翻找裡頭有沒有什麼有趣的內容，如朋友之間閒聊的電子郵件、主題是「十三號星期五」的高度學術論文。

　　羅斯巴特的事業也是從一張紙條開始。在芝加哥的一個深夜，他的汽車擋風玻璃上塞了一張紙條，有人留言給一個叫馬力歐的人。

　　上頭寫著：

　　馬力歐：我他媽恨死你了。你說你要工作，那為什麼你的車停在她家樓下？你這個騙子，你這個該死的騙子。我恨死你了。

　　　　　　　　　　　　　　　　　　安柏

　　　　　　　　　　　　　　　　　　PS. 晚點 call 我。

　　羅斯巴特給朋友看那張紙條。「我嚇了一跳，好多朋友也有類似的東西可以分享，好精彩。」羅斯巴特告訴我：「例如孩子畫的東西、詭異的待辦清單、個人留言、拍立得照片。人們永遠把這類東西貼在冰箱上，我覺得太可惜了，只有走進他家廚房的人才看得到。」

羅斯巴特開始推廣尋找的樂趣，他稱之為「強尼蘋果籽」（Johnny Appleseed，譯註：美國拓荒時代的傳奇人物，一生沿途播下蘋果種子，協助移民生存）策略。羅斯巴特貼出傳單，徵求別人發現的有趣事物。「這讓我在派對上有話題可以搭訕。」羅斯巴特解釋：「你懂的，像是『嘿，你們有沒有撿到東西？』有的人會說：『沒有，你好怪。』但也有不少人會說：『有啊，我室友上星期發現很妙的東西，我們再寄給你看。』這種人多到出奇。」

羅斯巴特蒐集這一類的寶貝，刊登在自助出版的小型雜誌《找到》（Found），後來發展成書籍、影片計畫與線上社群。「這件事改變了我的人生。」羅斯巴特表示：「留意到這些小紙條讓我得以走出自己的世界。」羅斯巴特看著這個世界，與他人互動——相關能力讓他日後成為作家，替電台節目《這樣的美國生活》（This American Life）與自己的播客節目創作有聲故事，擔任獨立製片者。此外，他還以此為主題，替有志成為聲音製作人的人士及其他人舉辦工作坊。

羅斯巴特沉思：找東西可以讓某樣東西「從遭人遺忘的狀態中被拯救出來」，那是「某種高貴的行動」。

只需要幾秒鐘，就能停下腳步撿起一樣東西，判斷那樣東西是否有趣。「除非你去看一眼，」羅斯巴特說：「否則誰知道呢。」

當你穿梭於世上，在地鐵、公車站、校園、工作地點、保齡球館、停車場，甚至是監獄空地上，記得尋找可能有趣的東西。不是每張被丟棄的餐巾紙或收據上都寫著好玩的事，但二十張之中，或許有一張會中。別人丟掉的東西，讓人一窺你原本永遠不會見到的人生——故事的片段可以開啟我們的奇思妙想與好奇心。

2 感 知

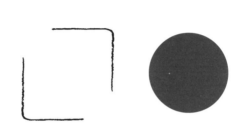

四分三十三秒

👁

　　一九五二年，在紐約伍德斯托克（Woodstock）的一場演奏會上，鋼琴家大衛・都鐸（David Tudor）首演了作曲家約翰・凱吉（John Cage）不尋常的新作品。都鐸坐在鋼琴前，把樂譜放上譜架——接著闔上琴鍵蓋，然後什麼也沒做。一段時間後，他打開琴鍵蓋，再度闔上，重複那個過程，接著表演就結束了。

　　都鐸**什麼都沒彈**的那三個「樂章」，加起來一共是四分三十三秒。凱吉的新作因此命名為〈四分三十三秒〉（4'33"），引人注目之處是沒有音樂，由寂靜與偶然冒出的聲音組合而成。這大概是他最出名的作品。

　　這首曲子有名是有道理的。

　　〈四分三十三秒〉聽起來宛如惡作劇（伍德斯托克那場演奏會的聽眾不是很開心），但那是撼動文化界限的玩笑——什麼是**音樂**，什麼是**寂靜**，兩者的界限模糊起來。學者作家劉易斯・海德（Lewis Hyde）在《惡作劇鬼創造世界》（*Trickster Makes This World*）這本出色好書中，談論顛覆式的想像力，解釋凱吉以深思熟慮、甚至是有紀律的方式擁抱偶然，不僅是創意十足的作法，也為了逃脫自我。

　　〈四分三十三秒〉這個作品及其手法，帶來任何人都能利用的機會。你可以在家裡、在公園或幾乎任何地方，表演你自己的〈四分三十三秒〉。

　　用手機計時四分三十三秒，時間到了，看是要用振動或音樂提醒都可以，放在某處，螢幕朝下，**不要**看著時間一分一秒流逝。可以的話，閉上眼睛，**聽**就好。

你會訝異四分三十三秒感覺有多長。海德指出：「與其說〈四分三十三秒〉是一首『無聲』的曲子，不如說是刻意讓人有機會聆聽非刻意演奏的聲音，完整聆聽當下發生的事。」沒錯，就是這樣。

不論我們人在何處，進到耳裡的大都是噪音。

若是不理睬那些聲音，那些聲音令人心煩。

如果仔細聆聽，我們會深感著迷。

—— 作曲家約翰 · 凱吉

跟隨寂靜

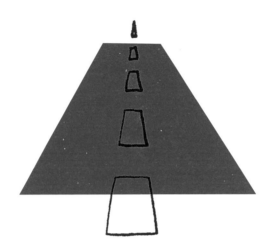

　　DJ 作家傑斯・克萊頓（Jace Clayton，藝名「DJ /rupture」）在 PBS 數位工作室頻道（PBS Digital Studios）的《藝術任務》（*Art Assignment*）系列，提供了一套簡單的作法。

　　他建議到外頭散步，刻意朝著感覺最安靜的方向走。一直走，直到找出四周最安靜的地點。停下腳步，待在那裡，「花點時間，沉浸其中。」

　　克萊頓也建議記錄自己人在哪裡，上傳至社群媒體，加上標籤「#theartassignment」。要那麼做也可以，但我覺得不一定要上傳，只需要像克萊頓說的那樣持續沉浸在聽見／沒聽見之中。

觀測自己對聲音的感受

👁 👁 👁

　　作家貝恩德・布魯內爾（Bernd Brunner）在《時尚人物雜誌》（*The Smart Set*）一篇談噪音的短文，提到一名叫朱莉亞・萊斯（Julia Rice）的女性，在二十世紀初成立「反對不必要噪音協會」（Society for the Suppression of Unnecessary Noise），發起強制拖船減少惱人信號聲的運動，後來成功了。

　　「然而，」布魯內爾指出：「萊斯似乎相當享受生活中不少嘈雜的聲音：她的六個孩子平日都會演奏樂器，據說家裡還養了好多隻貓狗。她大概認為這些聲音是『必要的』。」

　　的確，「聲音」與「噪音」的差別相當主觀，更別提**不必要**的噪音。我猜大部分的人跟萊斯一樣，認為每天的生活中，我們進行日常事務時發出的噪音，不但不討人厭，甚至沒有錯，還是必要的。或許我們沒什麼錯，就像我真的不認為自己吵到任何人。

　　另一方面，你對自己能接受的聲音有多少瞭解？**花個幾小時或一整天自我觀測**。聆聽並思考你製造出來的聲音——走路、打字、洗碗、講話、聽見喜歡的旋律而跟著哼唱。記錄一下。先實驗盡量不發出聲音，接著盡量發出聲音，比較你專注的程度、做動作的方式、完成日常事物的速度因而產生的變化。

清點聲音

◉　◉

　　我一個學生開始蒐集聲音。她會在睡前仔細聆聽，努力找出並分辨每一個聲響。遠方有狗在吠、冷氣發出嗡嗡聲、過往的車輛聲等等。

　　應用這個點子一段時間後，將可以重新挖掘熟悉的環境。在每天的固定時間蒐集聲音是很好的整理方式。

　　開始留意聲音。

　　建立清單。

　　繼續尋找。你將聽到一直沒留意的東西。

評鑑日常事物

👁 👁

　　我朋友馬爾克·魏登鮑（Marc Weidenbaum）有眾多身分，其中一個是音樂人。此外，他有一個相當有趣的個人儀式。「我喜歡評鑑日常的聲音，」他解釋：「好像它們是商業發行的音樂。」電動牙刷的嗡嗡聲，老舊計程車的刺耳隆隆聲，霧笛的哀鳴，貓咪打呼嚕：魏登鮑會想辦法描述那些聲音，記錄聲音發生的情境，以及「任何持續發生的背景（包括文化、科技、地區、美學等）」。他解釋：「我描述那起聲音事件是怎麼發生的。」他把每天累積的聲音「評鑑」放上個人網站 Disquiet.com。

　　試試看，想像一個記錄日常事務的 Yelp 式心得網站──日常物品、日常的聲音、不尋常的感受、隨機碰上的人事物。

　　檢視人孔蓋或警報器，回顧一星期中摸過最有趣的東西，或是留意接下來二十四小時中最值得記住的氣味。不論你下一秒鐘遇上什麼，好好檢視一下。

　　和好友分享你的想法──也可以放在心中就好。明天再來一遍。

選擇性聆聽

◉ ◉

你有沒有同一首歌一聽再聽的經驗？我想一定有。那種快樂和盡情大吃大喝一樣，但也能帶來益處。不過，重複聆聽本身，不一定會讓你進一步深入先前聽過的東西，發現一直沒注意到的事情。

試試看伊森·海因（Ethan Hein）的方法。海因是音樂家與教育家，在紐約大學與蒙特克萊爾（Montclair）州立大學教音樂科技。你可以把她的方法想成「**批判性聆聽**」（critical listening）。

海因和學生挑選一首歌**中**的一個聲音，仔細聽出那個單一聲音，其他的不管。可以選低音部，可以選人聲，也可以專注於合唱，辨認合聲中的**每一個**聲音。海因要學生用清單與表格列出自己的結論。是哪樣樂器或裝置製造出那個聲音？是由誰演奏或編排的？為什麼要以那樣的方式演奏？海因表示：「對一般的樂迷來說，光是留心這些聲音就夠了。」正確辨認出音樂器材的重要性，比不上找出可信的主觀描述，例如：「那聽起來像海鷗的聲音。」

音樂人士偶爾會直接提供組成歌曲的個別元素，稱為「stem」，比如音樂鬼才大衛·鮑伊（David Bowie）就曾釋出〈太空怪談〉（Space Oddity）的混音元素。海因說，一旦分別聽過那些單一的聲音，很容易就能在完整的版本中辨認出來。試著搜尋其他線上錄音的stem、無伴奏合唱版本，以及類似的歌曲片段。網路上有很多素材。

海因認識一位狂熱的披頭四歌迷，有過「獲得啟發」的體驗。那位歌迷只專注於披頭四歌曲的低音部分，自認達到瞭若指掌的境界。「他現在對那些歌曲的編排方式有了全新的認識。他比喻那就像一輩子活在黑白的世界，然後看見色彩。」選擇性聆聽有可能那麼神奇。

尋找聲音

👁 👁

　　我一個學生有一次建議我們特別聆聽一種聲音：鳥鳴。他認爲這麼做可以在城市中連結大自然。不過，在鄉村或偏僻的地方尋找單一聲音，收穫可能更大。

　　我們認爲「安靜」的地方，當然還是充滿各種聲音，只不過比較小聲、來源比較遠，或是比較分散。你也可以搜尋聲音的**源頭**（那幾隻公雞到底在哪？）。如果這樣的聆聽已經是習慣，你可以讓目標更明確一點，像是找出是哪一種鳥在叫。

　　我的另一個學生也有類似的點子。她提議尋找周遭的聲音：那些不突出、不擾人，對一般人不重要也不會仔細聆聽的聲音，像是卡在樹上的塑膠袋發出的颯颯聲。她原本覺得這種窸窸窣窣的聲音很煩人，但主動尋找之後，她的感受不一樣了。我的學生不再充耳不聞，反而開始蒐集這樣的聲響。

尋找感受

👁 👁 👁

　　美國作家海明威談到成爲好作家的要素時，抱怨多數人沒好好聆聽，也沒好好觀察。他爲了強調這點，提出一項挑戰：

　　你走入一個房間，出來後，應該對你在房間裡看到的東西一清二楚，而且不只那樣。如果房間給了你任何感受，你要知道爲什麼會有那種感覺。試著練習做到那樣。

　　觀察周遭環境的方法是把注意力放在自身之外：我們看見什麼、聽見什麼、聞到什麼、摸到什麼，甚至包括嘗到什麼。然而，讓一個地方獨特的元素有時候不是那麼明確——那只是我們內心的**感受**。

　　一項地鐵乘客行爲的研究提供了有趣的例子。研究人員嘗試瞭解民眾搭地鐵時，是如何選擇自己坐或站的位置。研究者檢視究竟是不同情境下的哪些因素，影響著乘客運用空間與穿梭其中的方式。特別有趣的一項發現是，爲什麼多數乘客喜歡待在靠近車廂門的地方。（明顯的）理由是這樣下車比較方便，但研究人員的報告指出，還有一個理由與抽象的感受有關——大家想要避免「不小心與坐著的乘客對上眼的尷尬」。

　　我們看不見感受——然而感受十分眞實，影響我們在世上的體驗。想像一張同時列出地點與感受的地圖。在一趟固定行程或新鮮的探索中，你可以每隔一段時間就監測自己的身心狀態，拍下一張內心的快照，思考當下的感受。哪些地方讓你不舒服，甚至躁動不安？哪些地方令你感到自在，腳步輕快？你在那樣的狀態時，受到哪些實體

環境或社會元素影響？

　　特別留意海明威不尋常的挑戰的最後一部分，察覺自己內心的感受──不論是焦慮或喜悅都無妨。找出那些感受的明確源頭，接著跟某個人討論。

拍下「聲音照片」

👁 👁

音樂家彼得‧庫薩克（Peter Cusack）稱自己的作品為**聲音報導**（sonic journalism），那相當於聲音版的攝影報導。他解釋：「換句話說，就是從某起事件或某個地點的現場錄音中取得資訊，但沒有太多說話聲。」

一九九八年，庫薩克展開「最喜歡的倫敦聲音計畫」（Favourite Sounds of London）。他請倫敦人投稿，寄來簡短的音訊檔，再由他放到網站上可播放的地圖。從柏林到北京，每座城市紛紛仿效。庫薩克最近期的 favouritesounds.org 網站，提供英國赫爾市（Hull）最受歡迎的聲音，包括車聲、遊樂場的聲音、鳥兒嘎嘎叫、慶典上的樂團、公共噴泉。庫薩克本人還展開其他的計畫，譬如引發關注的「危險地點的聲音」（Sounds from Dangerous Places），蒐集全球環境破壞地的聲音。

庫薩克進一步說明，「最喜歡的聲音計畫」請參加者自行命名並解釋投稿內容，真正的目的卻不大是為了繪製聲音地圖，而是試圖「鼓勵大家談論他們在日常中是如何聽見聲音、如何回應，或是對那些聲音有哪些想法與感受，那些聲音有多重要（或不重要）」。人們談起自己的居住地時，通常會談到自己住在哪個區域、一天之中做些什麼，或是如何來往各地。你可以試著思考自己聽到的內容。

「你問城市聽起來像什麼的時候，你會認識許多東西。」庫薩克表示：「相較於詢問城市的外貌或城市帶來的視覺效果，詢問聲音將得知很不一樣的事物。所以，我覺得這件事很有趣，還為此前往倫敦不曾聽過的角落──儘管倫敦是我的家鄉，這座城市我已經很熟。」

我們不需要參與正式計畫也能一起玩。找個一天或一個月，刻意利用手機的錄音 app，拍下聲音快照──你的聲音照片。想一想你為什麼選擇錄下那個聲音。聆聽舊的錄音，看看能否想起是在哪裡錄的。給朋友聽一些片段，看他們認不認得出那是什麼聲音。聊聊你是在哪裡錄到的、為什麼想要錄。邀請朋友一起加入這個活動。

把注意力拓展到你能聽見的

每一樣東西，不要批判。

用耳朵接收聲音，用大腦聆聽。

—— 作曲家寶琳・奧利維洛（Pauline Oliveros）

深入聆聽

◉　◉　◉

　　作曲家奧利維洛有許多出名的舉動，其中一個她稱爲**深度聆聽**（deep listening）。概念源自她曾和其他幾位音樂家，在華盛頓州地下十四英尺（四‧二公尺）深的廢棄蓄水池演奏。幾位音樂家因爲太喜歡糟糕的雙關語，特別把一九八九年的那場地底CD錄音命名爲《深度聆聽》（*Deep Listening*）。

　　雖說是雙關語，蓄水池裡回音太強，奧利維洛一群人的確不得不深深留意周遭環境的聲響。蓄水池裡的表演（沒有現場聽眾）促使他們以全新的方式思考「聲音」與「空間」之間的關係。日後也組成深度聆聽樂團（Deep Listening Band），舉辦深度聆聽工作坊與「深度聆聽靜修」，最終甚至成立了深度聆聽研究所（Deep Listening Institute）。奧利維洛日後解釋，深度聆聽可讓人「探索聽與聆聽的區別」。

　　聽，是一種與音波、身體有關的物理過程。我們知道這件事，因爲很好研究；聆聽，則是聲波的**詮釋**，難以量化。

　　「聽，是帶來感知的物理手段。」奧利維洛繼續解釋：**「聆聽，則是留意被感知到的東西，是聽覺的，也是心理的。」**

　　奧利維洛版的聆聽包含記憶裡的聲音、夢中聽見的聲音，甚至是想像或創造出來的聲音。她曾在另一個場合提到，我們通常會用視覺來描述想像，而**「聽覺化」**（auralization，此一詞彙借自建築聲學）則是聲音版的描述。「聆聽是一生的練習，靠的是累積聲音的體驗。」她還宣稱，聆聽的經驗包含「聲音整體的時空光譜」。

　　奧利維洛在提出**「深度聆聽」**一詞之前，實驗過各式各樣的點子。

一九七四年，她發表簡短、但深具影響力的文章〈聲音的冥思〉（Sonic Meditations），提出頗具詩意的各類提示：

「在夜晚散個步。」

「靜靜地走，讓你的腳底變耳朵。」

奧利維洛遵守的信念是「音樂不該是音樂人士的專利」。她提出具有高度創意的建議，大都與發出聲音有關，尤其是處於一群人之中的時刻。比方說，「選一個字，用心聆聽，慢慢地、緩緩地念出那個字，讓每一小部分聽起來都被極度拉長。重複一段很長的時間。」

你可以組合奧利維洛的建議，改造一下，探索深度聆聽，但不必管作曲目的。用以下的方式，實驗奧利維洛提倡的延伸聆聽。這個方法有幾個源頭，不過最主要來自二〇一一年西雅圖的「密集深度聆聽」（Deep Listening Intensive）活動。你可以把它想成一種探索自己聽覺身分的方法：

任選一個空間，「聆聽所有可能的聲音。」有一個聲音引起你注意後，思索那個聲音。那個聲音是否有終止的時候？思考那個聲音讓你想起什麼。想想來自你過去的聲音、來自夢境的聲音、來自大自然的聲音、來自音樂的聲音。

之後，想一個讓你想起童年的聲音；看看能否在今日找到類似的聲音。思索你找到的東西。練習可以在這裡打住，也可以接著做剛才提到的二〇一一年冥想活動的提示，做多久都可以：「回到同時聆聽所有聲音的狀態。就這樣繼續聽下去。」

繪製聲音地圖

◉ ◉ ◉

前文談檢視日常生活時提過的魏登鮑，他在教舊金山藝術大學（Academy of Art University）的媒體地景聲音課程時，帶學生來一趟**聲音漫步**（soundwalk）。這是一場聲音而非景物的散步之旅。師生走過市場街（Market Street）的購物中心，蒐集零售的聲音，接著走出去，朝東前進，一路上聽見路人聊天與交通的噪音，偶爾還有警報器的聲響；他們在非請勿入、提供「私人安靜空間」的民宅大樓走廊停下；思考金恩博士紀念館的瀑布造景流水聲；接著被街上傳福音人士震耳欲聾的擴音器打斷。

學生們學到，除了要留意聲音如何發揮作用，也要注意聲音何時從何方傳來，為什麼會有那個聲音。

魏登鮑要學生辨認方圓兩個街區內的三種聲音，在數位地圖上用「大頭針」標示每種聲音的源頭。學生的任務是描述那個聲音，留心聲音的意義或功能。

即便只是純粹假想這種地圖，也能帶出一串有用的問題。地圖是否該納入瞬間即逝的聲音，如鳥鳴、飛機聲、遠方的雷聲？還是只應記錄來自地理位置不會移動的聲音，如教堂鐘聲、被關住的公雞、活動吊橋開闔的警示聲？

魏登鮑的加分作業是鼓勵學生自行安排聲音漫步，依據特定主題來設計，納入數個聲音景點。魏登鮑指出成果將是一場「敘事的旅程」，指出一個地方的「聲音面向（如美學、文化、歷史、功能）」。

「這個世界是一間博物館，」魏登鮑表示：「而你是解說員。」

繪製感官地圖

👁 👁

想像一種地圖，不只記錄與組織景點與地點，甚至把你的思考拓展到超越聲音、觸覺、味覺。

蒐集觸覺：專注在你自然會觸摸到的事物，接著碰觸你一般不會去摸的東西，在兩者之間切換。留意是粗糙或滑順、溫暖或冰涼、柔軟或堅硬。前文提過、熱中於畫畫的設計師戴安娜告訴我：「我喜歡花點時間留意敲、戳、摸、抓一樣東西帶來的感受。」「我因此體會到物體的移動，如袋中的 M&M's 巧克力，或是溫度的變化，如單車金屬管的冰涼。我感受到布料纖維的走向，還有貼著一面牆行走時磚頭的粗糙感。」

體驗這個世界時，那是很好的思考方向。對照一下天然事物與人造事物。需要靈感的話，可以參考傳奇建築批評家艾達‧露薏絲‧賀克斯苔博（Ada Louise Huxtable）最著名的著作：《最近踢過建築物嗎？》（*Kicked a Building Lately?*）。

蒐集味覺的挑戰確實比較大 —— 我無法呼籲大家去**舔舔看**建築物，不過那並非不可能的任務。從果樹到自動販賣機，找一找身邊（安全）可食物品的源頭，標示出那些定義街區／街坊／城鎮的味道。

來場氣味散步

👁 👁

　　不少引人入勝的作品與計畫源頭是留意氣味。我們可以參考一下，用更好的方式「跟著鼻子走」，就跟人類的老祖宗一樣。

　　英國學者維多利亞・韓肖（Victoria Henshaw）是都市規畫師，著有二〇一三年出版的《都市氣味地景》（*Urban Smellscapes*）。她的職業生涯都投入「都市氣味地景」這個主題，規畫過英國雪菲爾（Sheffield）等地的「**氣味漫步**」（smellwalks），把自己的研究化為「城鎮氣味的當代體驗」，例如亨德森美味醬（The Henderson's Relish）的工廠是雪菲爾漫步之旅的重頭戲。

　　韓肖在訪談中指出，她的氣味漫步獨特之處，不在於她規畫的路線，而是鼓勵參加者全神專注於氣味——人們常告訴她：這個氣味好熟悉，我知道這個氣味，但從來沒細想過。韓肖解釋：「我們會走過一個地區。由於我請大家專注於氣味，他們會說：『那聞起來**真的**好熟悉——我每天都聞到，我好喜歡，但從沒意識到是那裡傳出來的——我總是匆匆經過。』」

　　藝術家凱特・麥克林（Kate McLean）與席索・托拉斯（Sissel Tolaas）也把氣味當成發現、探索與理解的工具。托拉斯是定居柏林的挪威人，定期與國際香味香料公司（International Flavors & Fragrances, IFF）合作，替奢侈品牌研發氣味。她花了數年時間蒐集「氣味檔案」，儲存於數千個密封罐中，也在倫敦、伊斯坦堡、東京、加爾各答、奧克蘭等五十多個城市進行氣味地景計畫。

　　托拉斯在堪薩斯城利用從 IFF 公司借來的漏斗管器材「採集」氣味，包括市內的六個區域，以及密蘇里州與堪薩斯州邊界的兩側。接

下來，她把那些氣味附著在聞香卡上，在城市各地的據點發放，玩探索遊戲。

麥克林是英國人，繪製過阿姆斯特丹、愛丁堡、米蘭、紐約等城市的氣味地圖。她在阿姆斯特丹曾和數十位地方人士，進行好幾場散步之旅，合作找出十一種能「代表」城市的核心氣味，繪製出可以體驗那些氣味的地點。麥克林有時還會專注於較細微的氣味地景細節，例如：零售商店的大門設計對那個街區氣味的影響。

當然，麥克林的工作也會碰上**不好聞**的氣味，她調查過紐約市「最臭的街區」，以及各種死水、死魚、包心菜的混合氣味。

麥克林提供方便的 PDF 指南，你可以自行來一場氣味之旅，請參考：sensorymaps.com/about（她稱為「自聞工具箱」〔smellfie kit〕）。麥克林提出的幾點基本原則包括：

- 留意出乎意料的奇特氣味，但也要留意特定地區「一陣一陣」傳出的氣味——比如花朵或煮飯的氣味。此外，記得留意背景氣味。那種氣味比較不強烈，但會帶來嗅覺的「背景」。
- 慢慢走，至少留意四種明顯的氣味；麥克林稱這種相對被動的方法為**氣味捕捉（smell catching）**。寫下那些氣味，標注好地點、氣味強度與持續時間，記錄你個人的反應與想法。
- 嘗試**氣味打獵（smell hunting）**——例如揉碎樹葉，或是大力聞一面牆或其他物品，再度記錄下四種氣味。
- 利用剛才提到的方法，蒐集最後四種氣味。可以的話，和一起走過氣味之旅的同伴分享你的發現，選出一種能「總結這個區域」的氣味。

我的工作其實就是留心，

看到我們尚未看到的事。

我永遠試著看我們視若無睹

並且低估了趣味性和價值的東西。

—— 藝術家妮娜‧卡查多莉安

留心你留意（與沒留意）的東西

👁 👁

　　藝術家卡查多莉安過去曾要學生做一件事：首先，留心你一直在留意的事；接下來，留心你**不曾**留意過的事。這個挑戰聽起來簡單，卻能帶來不少啟發。

　　某位藝評家一針見血地指出，卡查多莉安的藝術可說是「古靈精怪」。前文提過，卡查多莉安替紐約現代藝術博物館的灰塵，製作過三十分鐘的語音導覽。她的另一項藝術計畫則是改裝出會發出鳥叫聲的「一群」車子，方法是放進可發出六種聲響的標準警報器。

　　卡查多莉安手上持續進行的計畫，最出名的大概是「座位任務」（Seat Assignment）。二〇一〇年，卡查多莉安的行程是似乎怎麼坐都坐不完的飛機，整天困在極度乏味的飛機座椅空間裡。因此，她下定決心利用搭機時間，用手邊的材料創造出藝術作品。她拍下數百張照片，還製作數支影片與動畫，手法全是仔細觀察、運用搭機時大家熟悉的物品。

　　卡查多莉安因此帶來令人會心一笑的作品，包括大量帶有微微超現實風的影像，譬如：把麵包屑堆疊在飛機雜誌的圖片上，或是用特殊角度拍下威化餅點心，看上去很像是原始的世貿雙子星大樓。更令人拍案叫絕的是，「座位任務」有個子系列是卡查多莉安帶來荷蘭佛萊明（Flemish）打扮的「洗手間自畫像」（Lavatory Self-Portraits），完全使用拋棄式毛巾與機上其他紙製品，摺成頭巾等裝飾品，打扮成十五世紀陰鬱又神經質的肖像畫人物。

　　如同作家傑佛瑞・卡思納（Jeffrey Kastner）所言：「觀察這個世界不只是適合藝術家的任務，也適合認為這個世界值得保存的人。」

卡查多莉安催促學生做的事，也因此能讓我們更加留意這個世界。你可以在熟悉的地點做類似的事，比方說，辦公室所在的街區、平日會待的房間、經常造訪的公共空間。卡查多莉安要學生記錄自己留意到的每件事，並解釋那些發現——有一次還依據學生挑選的每樣物件，安排一場團體的散步之旅。

　　抓住與沒抓住你的注意力的事情，兩者間的對照很值得玩味。**花半小時就夠了，任何地點都可以，真正去留意你留意到的東西。**有時候，我們只需要一點信心，相信自己留意到的事物真的具有價值：畢竟，要是從來沒人提起，我們會認為那東西大**概**不太重要。然而，每個人都無視的事物，恰恰值得我們再三思考。**為什麼**你一直注意到這件事？為什麼其他人似乎全都無感？

變換尺度

一九七七年，著名的設計師夫妻檔查爾斯與蕾‧伊姆斯（Charles and Ray Eames）完成了《十的冪次》（*Powers of Ten*）這支影片的最終版，片長九分鐘，主題是「宇宙事物的相對尺度」。

影片的開頭從上方空拍一對夫妻在芝加哥公園野餐。旁白解釋，那個鏡頭照出寬一公尺、距離一公尺遠的景物。每十秒鐘，旁白會告訴你鏡頭繼續拉遠，每次拉開十倍：這次的鏡頭照出十公尺寬、距離十公尺遠的景色，接下來是一百公尺、一千公尺，一直持續下去。那對夫婦最後消失不見了，我們看見整座城市，接著看見全國，再來是全地球。到了 10^8 公尺時，我們完全進入太空。這場旅程停在 10^{25} 公尺的地方，也就是已知宇宙的大小。接著反轉，快速回到原來那對夫婦身上，接著一縮再縮，進入男人的手，然後進入次原子粒子的領域，最後停在 10^{-18} 公尺。

伊姆斯夫婦的影片不僅帶給電影《MIB》（*Men in Black*）第一集的結尾靈感，還提供關於尺度的生動一課：我們如何測量、如何體驗。多年後，這對夫婦的外孫伊姆斯‧德米特里斯

（Eames Demetrios）在加州科學院舉辦《十的冪次》展覽。「尺度就像地理，」德米特里斯當時表示：「如果你聽見新聞提到阿富汗時，不知道阿富汗在哪裡，你腦中不會有一個地方。數字也一樣。炭疽的單位是微米；殺蟲劑殘留的計算單位是十億分之一（ppb）。相關數字對我們的生活來講很重要——我們應當瞭解它們的意思。」

　　用新鮮的眼光看待任何環境。藉由專注於**細節**，停下來改變尺度；或許調整手機鏡頭的焦距，可能增加肉眼可見的事物。現在，停下來想一想「大方向」——用你自己看不見、只能靠想像的尺度，思考你的所在地。

改變（時間）尺度

👁 👁

尺度是一種物理概念，但也是一種時間概念。

找一找身邊最古老的東西，例如街上的某棟建築物、房間裡的某樣東西、外頭的一棵樹。答案可能很明顯，也可能無法斬釘截鐵確認。

好了之後，找一找身邊最新的東西。

想一想最老和最新的兩樣東西有著哪些共通點——又有哪些地方不一樣。

想一想哪樣東西最終會比較耐久，原因是什麼。

讓你的世界充滿神靈

👁 👁 👁 👁

　　我不確定要如何形容我的朋友路西恩·詹姆士（Lucian James）這個人——他大概是某種績效教練、性靈導師，加上策略顧問的混合體？每當我想找某件事的原創觀點，幾乎不管主題是什麼，我都會找他。我知道如果我問詹姆士關於觀照與注意力的事，他有話要說。

　　「世界上有兩種類型的宗教，超越（transcendent）與內在（immanent）。」詹姆士開始侃侃而談：「前一種宗教一般發源於沙漠地帶，人們認爲神居住在上方遙遠的地方，屬於『天神』信仰。後者則發源於森林地帶，人們認爲神存在於萬事萬物之中，那是異教徒與民俗信仰。」詹姆士建議我參考後者，尤其是日本的神道教。

　　詹姆士告訴我：「西方人通常認爲神道信徒『對每件事物都展現特殊、高度的敬重』。」詹姆士因此建議客戶「借用那種心態，對日常碰到的每件事和每個人，採取類似神道教的對待方式。」

　　我們可以「讓每件事都注入一點神靈，因此我的筆電有一個小神待在裡頭。這個水杯裡也有一個小神。我的鞋子也有。以此類推」。

　　聽起來可能有點神祕，不過儘管詹姆士從宗教的角度去解釋，要找到「神靈」，不一定需要特定的正統宗教觀念——甚至不需要任何宗教信仰。

　　假設你現在剛好碰到某樣東西，那就停下來，例如書桌上有釘書機，想像釘書機裡頭可能住著一個「小小的神」，以及那代表的意義。「很奇妙，」詹姆士告訴我：「人們會瞬間知道該怎麼做，開始以一種更爲『日常神聖』的方式對待每件物品，如筆、鞋子、食物。」

　　或許，這一點也不奇怪。

維持「單一的專注點」，練習受神道教影響的觀照。那樣的主張似乎相當順理成章——然而，如同詹姆士所言：「所有的當代文化都在在妨礙我們這麼做。」記得要專注在一件事情上，想辦法找出那樣東西內在的「神聖性」。

一葉一草之中，

都可以見到

令人敬畏的神明。

—— 神道諺語

來一場心靈版的漱口清味蕾

◉ ◉ ◉

　　我二十幾歲時，每週工作太多小時，但依舊堅持在工作之外保有生活，報名參加每週觀賞紀錄片的活動。不用說，準時到場對我來講是個大難題。到了放映第三場的那晚，我手忙腳亂準時抵達，剛好趕上燈光暗下的時刻，結果我腦中事情太多，想不起來那天要播什麼影片，又忙到沒時間查。我一屁股坐進位子，銀幕開始播放《意志的勝利》（*Triumph of the Will*）晃動的畫面。真是太美好了，在結束感官過載的一天後，這正是我需要的東西：高談闊論的納粹宣傳和聲嘶力竭的希特勒。

　　當我聽到藝術家瑪莉娜・阿布拉莫維奇（Marina Abramovi ）舉辦的《哥德堡》（*Goldberg*）活動時，便想起這段荒謬的過往。理論上，主要節目是由鋼琴家伊戈爾・列維特（Igor Levit）表演巴哈的《哥德堡變奏曲》（*Goldberg Variations*），然而某種程度上，節目的開頭才是真正引人注意的地方。大會要求參加者提早三十分鐘抵達，戴上消噪耳機，安靜坐在會場，進行某種心靈版的漱口清味蕾。

　　阿布拉莫維奇最出名的作品是她的《藝術家在此》（*The Artist Is Present*）表演。她在紐約現代藝術博物館現身，參觀者可以坐在她對面，一次一個人，想坐多久都可以。阿布拉莫維奇則坐在原地，和參觀者靜靜看著彼此。她還設計出一系列的「阿布拉莫維奇式」練習，其中反覆出現的主題是專注於某個動作。阿布拉莫維奇式工作坊進行的活動，包括在一段時間內靜靜看著另一位參加者、用極度緩慢的動作走過房間等等。其他練習還有用極度專注的方式喝一杯水，二十分鐘才喝得完；花整整十分鐘寫一遍自己的名字；細數米堆中的每一粒

米。此外，阿布拉莫維奇還強調孤寂的重要性，主張藝術家應該在瀑布、湍急河水、爆發的火山（相當不可能）旁「待上很長一段時間」，還要長時間凝視地平線與夜空星辰。

前述的建議都相當有趣，不過我最感興趣的，還是阿布拉莫維奇如何把她對專注力的想法應用在那場《哥德堡》表演。你有多常**剛剛好準時**抵達重要的表演、活動、會議，但讓你分心的事物仍追著你不放？不論《意志的勝利》是好是壞，在那個紀錄片之夜，我應該向自己坦承，我沒辦法真正專心看片，應該走出去，靜靜坐個兩小時。

試著在日常生活之中，重現阿布拉莫維奇的《哥德堡》精神。下一次，你和你在乎的人約好吃晚餐，記得提早抵達（或是待在附近），什麼都不做。觀察這個世界，想著你即將見到的人，清一清你的心靈，擺脫責任與煩惱。

重要時刻理應得到尊重，先來點開場的預備。你要準備好自己。

練習數位寂靜

👁 👁

抱怨數位裝置時，我們抱怨的是其他人帶來的分心與干擾。當我們試圖「離線」幾天時，努力避開的就是那些紛擾。

然而，真的都只有**別人**在發文、更新近況嗎？你自己呢？你難道不曾急著揮手，向不管距離多遠的一群受眾提醒你的存在？

挑一個星期練習數位沉默，觀察一下。

你可以查看你追蹤的動態，觀看線上的對話和你來我往，想看多少就看多少，但潛水就好。

觀察一下，這如何影響你想「連結」的急切心情。看看這樣的變動是否也改變「你需要溝通哪些事」與「為什麼需要溝通那些事」的標準。我常常好奇，要是Facebook、Twitter、Instagram有這樣的限制，會發生什麼事——比方說，假設我們每個月只能發三則動態，或是每週只能傳即時訊息給兩個人？我們會不會更能限制自己只說真正重要的事？我們的「人脈網絡」是否會鬆一口氣？

你會嗎？

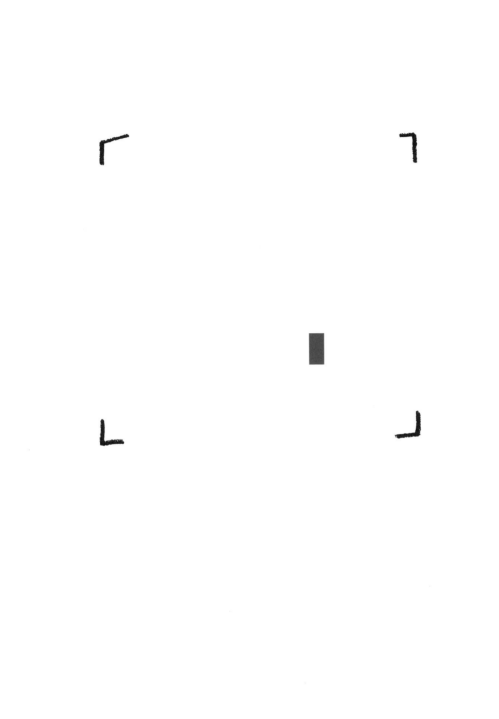

尋找「次薄」

👁 👁 👁

人人都知道，人類有五感：視覺、聽覺、味覺、嗅覺與軀體感覺——更通俗的說法是看、聽、嘗、聞、摸。

然而，其實不只如此。你不必觸摸明火就能感受到熱度，因為還有一感叫「**溫覺**」（thermoception），也就是察覺溫度差異的能力。

閉上眼睛，讓你的手指**幾乎**碰觸到你的鼻子。這個例子同樣沒實觸摸，但你能感受到自己的手指所在。這叫「**本體感覺**」（proprioception），也就是我們能察覺身體的空間關係。

其他幾感還包括「**疼痛感覺**」（nociception），也就是感受到痛；「**平衡感**」（equilibrioception）與平衡有關；「**機械感受**」（mechanoreception），對「振動」等機械性刺激會起反應——在這個智慧型手機當道的年代，這種感官特別靈敏。此外，我們有「**時間感**」，「**饑餓**」也是某種感覺。看你怎麼定義，數起來人類不只有五感，其實多達數十種。

要試圖探索人類各種不明顯的「感官」是有點嚇人，不過或許藝術家杜象能幫上忙。杜象提出許多刺激思考的藝術挑釁，其中有個較不出名的詞彙，深深影響了他的作品。杜象拋出那個概念，卻不曾真正仔細說明，舉例甚至比定義來得容易。那個詞彙是「**次薄**」（infrathin）。杜象提過一個「次薄」的例子：**有人剛起身的椅子所散發的餘溫。**

傑伊・D・羅素（Jay D. Russell）曾經就這個主題寫過一篇論文，試圖定義：「一般而言，次薄是一種分隔（separation），也就是兩樣東西的差異。」我不是特別滿意這個定義，不過暫時將就一下。

藝術家與詩人肯尼思・戈德史密斯（Kenneth Goldsmith）提供其他各種例子。電子郵件寄出時發出的嗖嗖聲是一種次薄。剛呼出一口煙的口腔氣味是一種次薄。剛從雷射印表機傳出來的紙張熱度是一種次薄。「另一個例子是我用 iPhone 拍照時，手機發出像是一九四○年代或某個年代的 Nikon 相機的聲音。」戈德史密斯指出：「那是個有趣的時刻。」他稱次薄爲「狀態之間的狀態」。

杜象的作法是對的，最好不要定義什麼是次薄，那就像試圖命名無法命名的事物。那是落在我們一般感知範疇外的人爲感知現象。

尋找那樣的時刻。別擔心要如何定義。如果覺得自己找到了，就是找到了。

3 去各種地方

尋找鬼魂與廢墟

　　麥迪遜威斯康辛大學的史地暨環境研究教授威廉‧克羅農（William Cronon）所主持的計畫中，有一部分由一群研究所學生建立環境史研究的線上資源。他們的〈如何閱讀地景〉（How to Read a Landscape）指南，提供讀者、探索者與研究人員大量實用的建議。我最喜歡的建議包含尋找鬼魂與廢墟。指南解釋：

　　鬼景（ghost landscape）是過去遺留的線索，顯示出先前可能的景象，以及景象是如何經過改造，成為目前的模樣。

　　鬼景可能顯而易見，像是廢棄公路的遺跡（橫貫美西的六十六號國道或加州三十八號國道的延伸路段），也可能很不引人注目，就像樹木的各種生長模式——有的可能顯示樹木是近日種植。如果是平行生長，那就是廢棄道路的遺跡。

　　廢墟的定義也差不多：「逝去的事物記錄著地景上依舊可見的過去。」舉例來說，已經不能撥打的老舊公共電話也算廢墟，訴說自身周遭環境的故事。此外，**一直存在**的廢墟也透露一些事。為什麼沒人拆掉那個老舊的公共電話，把它拖走？有歷史意義？還是單純因為疏於管理？

　　不論是怎樣的風景，沒人會特別要你留意鬼魂或廢墟。但如果要深入瞭解一個地方，那恰恰是你要尋找的東西。

尋找：

周圍的聲音

感受

模式

形狀

顏色

數字

窗戶

鬼

月亮

你不知道自己在找的東西

次薄

站立

　　「和巨人柱仙人掌站在一起計畫」（Standing with Saguaros）的內容，幾乎就和名字一模一樣。參加者前往亞利桑那州土桑市（Tucson）附近的巨人柱仙人掌國家公園（Saguaro National Park），站在一棵具標誌性的仙人掌旁邊一小時（也可以坐著，一小時應該只是建議時間）。結果真的有大約三百人參加了這個活動。

　　參加者欣賞並重新評估熟悉的仙人掌，感覺與地貌連結，天人合一。「這個活動教你要有耐心，」一名高中生參加者分享：「時間一下子就飛走了。」

　　你周遭的環境中可能找不到巨人柱仙人掌，不過在你想辦法與大自然連結的時刻，或是長時間散步或遠足時，可以挑**一樣**東西（感覺上很熟、但其實不熟的事物，比如美國西南部民眾眼中的巨人柱仙人掌），接著百分之百地專注其上。

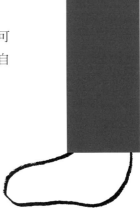

　　這個**概念**幾乎就像在大自然中散步，你可以稱之為大自然逗留、大自然徘徊，或是大自然閒晃。

來一場沒有相機的照片散步

👁 👁

　　搜尋 Google，可以找到無數教你拍好照片的文章與基本建議清單。我個人會選部落格先驅傑森・柯特克（Jason Kottke）曾經放上網站的一支影片，標題很有特色，叫作《下一趟拍照之旅的二十三種忍者招數》（*23 Ninja Tips for Your Next Photo Walk*），內容是街拍攝影師湯馬士・盧瑟德（Thomas Leuthard）走過薩爾斯堡的大街小巷，示範各種「用創意玩相機的方法」。

　　盧瑟德提供的訣竅，有些純粹是技術指導，有些比較著重如何發現適合拍攝的好畫面，因此**不需要**相機就能運用——用來篩選這個世界，留意到新事物並好好欣賞。

　　影片建議大家找到一個有趣的背景，等待有趣的主題冒出來；目標是尋找「決定性的瞬間」，可能得等上好一陣子，攝影師金瑞克（Eric Kim）稱之為「**釣魚**」（fishing）。就算沒相機，你還是可以停下來或坐在某個點，看一看四周，好好想像你**可以**拍攝的照片，接著等待「正確」或「決定性」的時刻出現。當你覺得你已經看到了，便前往下一個地點。

　　影片建議：「尋找新的角度。」只見盧瑟德將相機擺在地上，人蹲在碼頭的繫船柱上。「往下低到很低的角度，往上高到很高。」這是個實用的建議。進行無相機的攝影散步時，偶爾蹲下來（如果覺得尷尬，可以假裝在綁鞋帶），或是踩在某樣東西上面，凝視一會兒風景。想像自己在拍照，接著繼續走下去。

　　影片還建議：「替你的主題尋找渾然天成的相框。」比如一個女人坐在公園長凳上，被某個公共雕塑的元素給「框住」；另一個構圖

是某個男人在筆電上劈里啪啦打字，兩旁各是巨型盆栽。「巷弄與門口是很適合的地點。」影片繼續說明：「躲進去等著就行了。」同樣地，你可以運用這些忍者招數，卻不必非得將構圖美麗的景象記錄下來。躲在巷子裡等待，只要望見符合這種攝影手法的景象，就大功告成，繼續往下走。

「瞇起眼睛看某一景的光線，然後讓拍照主題出現在最亮的地方。」這是很好的訣竅，而且你可以先進行第一段，完全不必擔心第二段。每當你發現光線不好處理或產生一些趣味時，可以交錯運用這項技巧。

「陰影也能產生好照片，倒影也是。」這一點我很同意：但要刻意尋找。

影片的最後向大家保證：「不必害怕人群。」說得沒錯，不過盧瑟德還有更強的一招：每當你發現有趣的人士，就上前遞名片。你大可跳過這個步驟，只需禮貌地微笑──或是戴上太陽眼鏡，這樣你拍攝的對象就不會發現自己被你的注意力給「捕捉了」。

和專家一起散步

👁 👁

　　孤寂是適合強化注意力的絕佳狀態。但如果有適合的同伴，有人陪伴也不賴。亞莉珊卓・霍洛維茲在《換一雙眼睛散步去》記錄她和好幾位「專家」在住家附近散步，包括文字設計、植物、公共空間、地質各方面的專家。這群嚮導來到這片霍洛維茲自以為很熟悉的區域散步時，十分樂意協助她用他們的方式看世界，讓她留意他們明顯感受到而她卻沒看到的東西。

　　並不是所有人都有辦法說服世界知名的專家，甚至只是地方上的名人，花一個下午在我們選擇的地區閒晃。不過，要找到熟悉街區歷史的人士則容易許多（萬事通鄰居）。他們很樂意詳細解說這棟房子隱而不顯的重要性，或是那座地方公園背後的故事。

　　如果有鄰居沒事就提起你們街區不為人知的歷史，那就挑戰他們。要是有人恰巧在植物學的知識比你豐富，那就恭維他們。請大家和你一起散步，讓他人引導你的注意力，透過不熟悉的視野來探索你熟悉的世界。

如果無聊抓到你偷偷溜出去，

它會試圖說服你帶著手機。

如果你帶了，就會把無聊也一起帶出門。

—— 藝術家琳達‧貝瑞（Lynda Barry）

發現假想的線索

👁 👁 👁

　　藝術家琳達‧貝瑞偶爾會替《巴黎評論》（*The Paris Review*）網站寫專欄，回答讀者問題。一次，有人問了一個不尋常的問題，想知道如何才能不無聊。確切來說，署名「德州微醺」（Tipsy in Texas）的讀者想知道，如何才能「不喝太多」也能娛樂自己，結果貝瑞給了有趣的答案。

　　貝瑞的回答首先直接要那位讀者去酒吧。她建議搭車前往一間用走的、要走上好長一段路的店，不要帶手機，等喝到微醺的程度，再走路回家。

　　貝瑞還建議，展開長途跋涉前，先想好一個你想回答的問題，「大大小小的問題都可以。」「當你開始走路回家（一路上大概會迷點路，

因爲你喝醉了，又沒帶手機），」她寫道：「告訴自己在接下來的九十分鐘，你會遇到三個能解答這個問題的線索。告訴自己其中一個線索將以『人』的形式現身，一個將以『垃圾』或『堆在地上』的形式現身，一個將出現在視線水平以上的地方。」

貝瑞建議的完整練習包括到家後寫下幾件事：一路上發生什麼事、你看見了什麼、你想知道的問題解決得如何。不論你是否那麼做（甚至是否眞的喝醉），都可以照貝瑞建議的基本架構進行。想出一個問題，然後用貝瑞的方法加以變化，例如把「家附近」改成「旅遊的地方」，接著找出答案的「線索」。

貝瑞的建議或許眞能回答你的問題。不論結果如何，大概會出乎意料。貝瑞向讀者保證：「不出兩小時，你將擁有一場無聊不會察覺任何事的重大體驗，因爲無聊還留在你的手機上。」貝瑞還說，就算你寫下自己的發現：

「無聊也看不懂你的筆跡。」

在鎮上不熟悉的區域長途散步

👁 👁

　　不必旅行到世界另一頭，也能找到新的地方探索。看著家鄉或城市地圖，想想哪一帶你完全不熟，為自己設計美好的長途散步計畫。

　　這個事先計畫、轉換周遭環境的策略，源自麥特‧葛林（Matt Green）的「走就對了」（I'm Just Walkin'）計畫，那個計畫記錄一名男子打算走遍紐約市的每一條街，用有條不紊的方式流浪。我日後認識的紐約市立學院（City College of New York）社會學教授威廉‧海姆里奇（William Helmreich），也在四年間走遍紐約大街小巷，寫下《沒人知道的紐約》（*The New York Nobody Knows*）。

　　這個練習的重點在於留意出乎意料的事。你大概不會挖掘出世界級的歷史遺跡或著名景點。你要尋找、吸收、享受的，是比較不突出的日常細節——用創意畫出的商店招牌、不經意闖入的棋局、路邊不知名但吸引目光的教堂、停車處引人矚目的老爺車、騎著獨輪車的路人等等。

隨機移動

👁 👁 👁

麥克斯・霍金斯（Max Hawkins）自稱為藝術家與電腦科學家。他辭去 Google 的工作後，花了兩年實驗如何讓運用時間的方式與地點變得隨機。

首先，他設計個人的 app，在預設的半徑範圍內，由 app 選擇地點，搭乘 Uber 前往。接下來，他製作一種工具，搜尋 Facebook 上在附近舉辦的活動，隨機選擇參加。「每次霍金斯一解釋自己為什麼會出現在這些活動、是如何搜尋到，主辦人通常只問幾個問題，就歡迎他加入。」全國公共廣播電台（National Public Radio）報導：「有天晚上，他因此和幾名俄國人一起喝白色俄羅斯調酒。另一晚，他參加了一場特技瑜伽（雜耍＋瑜伽）。不論是社區中心的鬆餅早餐，還是年輕專業人士的人脈活動，用演算法選擇後，霍金斯就去參加。」

霍金斯讓演算法指示吃飯、旅遊，甚至是居住地點（據他宣稱）。最後，他安定下來，不再過那麼隨機的生活，但他建立了 Facebook 群組，打造「第三人」（Third Party）這個大眾工具，協助他人隨機選擇 Facebook 上的活動。

霍金斯的隨機法看似極端，背後的精神卻充滿靈感刺激。一種沒那麼高科技的版本則是擲銅板。

此外，當你決定要上哪間新館子，或是要彎進哪個方向時，在決策過程中加入隨機的因素，感覺會更像一場冒險。承認吧。有時你擔心個沒完，做了完整的研究、掌握資訊後再做出的決定，其實根本不值得花那些力氣。

偶爾來點真正的隨機吧。

當個造訪地方的遊客

　　許多城鎮都提供官方導覽，地方人士會直覺認為導覽沒有必要，只是噱頭，或者兩者皆是。放下成見，參加居住地的官方導覽。你會更認識家鄉，也一定會得知你的城鎮是如何介紹給外地人 —— 外地人是如何看待這個地方。

　　你將仔細觀看自己熟悉的地方，而且是透過初來乍到者睜大的好奇雙眼。

用困難的方法抵達

◉ ◉ ◉

Google 地圖與其他的競爭產品，方便你在世界上走透透，從你所在之處，到你指定抵達的地點，轉過一個彎又一個彎，一步步引導你。Google 內部人士曾說：「再也沒有人會迷路了。」

我確定那位 Google 人士用意良好，但我認為那種看法令人心驚，甚至想建議大家特別把「迷路」定為目標。

不過，如果立志迷路太過極端，那就讓自己**暴露於迷路的可能性**之中——至少偶爾為之。下一次去不熟悉的地方，不要使用 app。事先看地圖，研究要怎麼走——電子地圖也可以。你可以攜帶列印出來的地圖，或是寫下該怎麼走，也可以直接記在腦中，重點是讓自己當下沒有數位工具幫忙指路。如果一路上跌跌撞撞，拐錯彎，走錯路，那太好了。

從愛默生（Ralph Waldo Emerson）到約翰·杜威（John Dewey），眾思想家都讚揚克服困難達成目標的價值。費點力氣抵達目的地就是最簡單的練習。

用困難的方式抵達：投入這個世界，不要匆匆而過。

用錯誤的方法使用工具

◉ ◉

有一句話說：「器如其人，人如其器。」

如果我們放手被影響，或許工具的確會影響我們。不過，想要自我提醒是人掌控工具，而不是工具掌控人，最有效的方法之一便是**誤用工具**。

許多學生利用智慧型手機或其他科技，試圖解決我提出的「運用注意力」挑戰。這聽起來有點令人氣餒，不過好消息是，學生運用數位工具找出被忽略的事物時，方法比我有創意多了。

有個學生發現，多數的地圖工具都有指北針。她利用指北針的針，指引自己該凝視的方向。不論走到哪裡，每隔一陣子就望向眞北。剛好落在眞北的事物「爲我看到的東西，帶來一定程度的隨機性」。

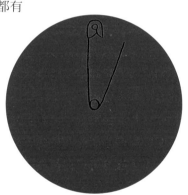

收集行程

👁 👁

　　搭便車從倫敦抵達庇里牛斯山，再回到倫敦，聽起來刺激又有趣。英國藝術家哈米什・富爾頓（Hamish Fulton）一九六七年四月還是個年輕的藝術生時，就來了這麼一趟旅行，應該是令他永生難忘的冒險。然而，他結束旅程後的遊記卻出人意料地平淡。在〈從倫敦到安道爾、再從安道爾到倫敦的搭便車時間，一九六七年四月九日至十五日〉（Hitchhiking Times from London to Andorra and Andorra to London, 9–15 April 1967）這個不帶感情的標題下，一共用打字機打出兩頁字，從頭到尾只列出大綱路線，例如，**晚上十點，抵達往奧爾良（Orleans）的 N20 公路上的加油站。**

　　富爾頓編寫這段沒有旅行見聞的遊記時，以特殊的方式專注於自己的旅程，記錄下一般會忘掉的移動細節，即便那些細節是任何旅程成真的基本要素。富爾頓那分實事求是的記錄，日後在泰特不列顛博物館（Tate Britain）的大型展覽上展出。展覽解說指出，這份遊記雖然明顯採取了極簡的形式，卻描述「一場與這個世界特殊而直接的接觸」：「**觀者可以自行發揮想像力，加以體驗，拓展這份資料指向的事物。**」

　　這種作法適用於所有的個人移動史 —— 與富爾頓相提並論的冒險，或僅僅是平常的一週。你可以寫下只提及事實的旅行日誌，記下旅程的出發點與抵達地，比如，從家裡到健身房、健身房到郵局、郵局到工作地點。看看這麼做是如何改變你思考那些行程的方式，偶爾也回頭翻閱過往的移動日誌。

如果你已經知道如何用證實可行的方法

來解決某個問題，那就別那麼做。

你永遠不知道，走不熟悉的路將帶你找到什麼。

—— 設計師吉姆·寇德爾（Jim Coudal）

改變路線

假如你每天出門工作，你清楚抵達工作地點的最佳路線，也永遠走那條路。這麼做很合理！

不過等一等，設計師寇德爾建議，至少偶爾繞一下路。寇德爾成立的寇德爾夥伴公司（Coudal Partners），以充滿創意的設計專案與產品出名，包括著名的筆記本品牌「野外札記」（Field Notes）。

「不論是走路、騎腳踏車或開車——挑一條不一樣的路，抵達常去的目的地。」寇德爾表示：「如果每天都以相同方式通勤，你什麼都不會注意到。事實上，才抵達幾分鐘，你就對方才經過的路途毫無印象。進入殭屍通勤狀態，其實是偷走自己的時間。新路線會帶來更主動的奇妙旅程。」

寇德爾補充：「這其實也能拿來比喻創作過程。」或許你已經知道什麼可行——那正是你應該嘗試不同路線的原因。

漂移

◉ ◉ ◉ ◉

「字母國際主義」（Lettrist International）在一九五○年代的巴黎，集合了一群前衛藝術家與理論家，居伊・德波（Guy Debord）也是成員之一。德波替字母國際主義支持的「漂移」（法文 derivé；英文 drift）下定義。簡單來講，那是一種移動的哲學：

> 一個人或幾個人讓自己漂移或長或短的一段時間，不需要有一般的遷徙理由，放下人際關係、工作、休閒活動，允許自己受到一個地方的風景，以及隨之而來的偶遇所吸引。

這個目標聽起來帶有浪漫色彩——實際上也有點令人感傷。作家盧克・桑特（Luc Sante）曾經提出理論，指出漂移概念的源頭與實際運用的情形。桑特解釋，一九五二年《流浪的巴黎》（*Paris Vagabond*）出版後，「漂移」以及相關的「心理地理學」（psychogeography）一詞，成為字母國際主義者的術語。《流浪的巴黎》由自稱尚－保羅・克萊貝爾（Jean-Paul Clébert）的男子寫成，可說是某種回憶錄。「書中的主要內容是身無分文的人如何在城市中活下去，」桑特寫道：「其實就是克萊貝爾本人的生活寫照。」

二戰結束後，克萊貝爾漂移的城市，有許多經濟結構解體。大量先前生活有保障的市民如今別無選擇，只得在百廢待興中「漂移」。桑特還指出，克萊貝爾記錄當時的情形時，「得想辦法尋找紙筆，有什麼就用什麼，如餐廳桌上的餐墊紙和報紙碎屑。」克萊貝爾寫書的時候，也是利用各種隨機取得的紙片，《流浪的巴黎》本身因此是一

種「達達隨機藝術」（Dada chance operation）的產物。

德波借用這種不得不然的作法，改頭換面，轉換成某種令人嚮往的境界。仔細想想，金錢與移動之間有著千絲萬縷的關聯。如果切斷這兩者，將發生什麼事？

找一天，在你居住的城鎮旅行，一毛錢也不花。在度假期間挑一個下午，以相同的方式待在陌生的城市裡。克萊貝爾（和其他在他之前或之後執行類似計畫的作家）體驗並創造了某種肖像畫，描繪出城市中的赤貧邊緣角落。不論時間多短暫，看看把金錢從等式中拿掉，會發生什麼事。你移動的地點、你尋找的東西、你要自己去的地方，發生了什麼樣的變化？

找出漂移是怎麼一回事。

大型商場變遊戲場

　　科技人員與遊戲設計師伊恩‧博格斯特（Ian Bogost）在《萬事皆可玩》（*Play Anything*）一書中提到，有一次，他拖著年幼的女兒走過大賣場，突然發現自己在努力完成各種不得不做的家務與跑腿，女兒卻玩起遊戲，想辦法不踩到購物中心方形地磚的拼接處。當然，那沒什麼好訝異的。孩子不需要別人教，也幾乎能把每件事變成遊戲，自得其樂。他們無師自通。

　　博格斯特的目標是協助成人用同樣的方式思考。學著在現存的體制與限制之中，發現不經意的可能性、那些隱藏的潛力──接著玩玩看。博格斯特建議把沃爾瑪超市當成遊戲場。

用仔細、傻氣，

甚至是荒謬的方式留心。

── 伊恩‧博格斯特

我和博格斯特一樣，不是很熱愛住家附近的沃爾瑪，但不去不行。整體來講，去那裡一點也不有趣。每次我在店內無限延伸的日光燈下，拿起我需要的幾樣東西，感覺都像是健行走過我不需要的成堆垃圾山。博格斯特帶來的啓示是，這是個好機會，我們可以把「仔細、傻氣，甚至是荒謬」的注意力，擺在那些亂七八糟的東西上。

　　博格斯特開始「扮演大型商場的考古學家」，做起研究，在心中分類做夢也想像不到的各種產品，如起司漢堡風味的品客洋芋片。

　　我現在每次去沃爾瑪都會玩這種遊戲的某個版本。穿越停車場時，我會挑戰自己：我將見到最荒謬的產品是什麼？最具詩意的？最悲傷的？最能代表二十一世紀美國的？最好笑的？有時我會想，我應該提議博格斯特一起合作：我們可以開始購買我們的「發現」，擺在展覽館裡。

　　不過，或許讓這場遊戲停留在腦中就好。

私闖

👁 👁 👁 👁

　　「城市探險」（urban exploration, UE）是個籠統的說法，就是字面上的意思，但也代表一套特定作法。布萊德利·L·蓋瑞特（Bradley L. Garrett）在探討此一主題的書籍《探索每一件事：城市中的地點駭客》（*Explore Everything: Place-Hacking the City*）提到，城市探險是指特別留意「臨時、過時、廢棄或棄置的空間」。

　　蓋瑞特還提到：「都市探險者會闖入坍塌的廠區、關閉的醫院、廢棄的軍事基地、汙水和雨水下水道系統、交通與公用事業系統、歇業的商家、被查封的地產、礦坑、工地、起重機、橋梁與掩體等各種場所。」

　　這樣的城市探險聽起來有點危險，因為是真的危險。攀爬下水道系統與廢棄建築物，不只要躲避警衛與監視器，還可能受傷。《探索每一件事》的開頭便是蓋瑞特（牛津大學地理與環境學院的研究人員）被警方拘留。蓋瑞特坦承城市探險團體享受「不法之徒」的形象，「戴上面罩，偷偷摸摸。」

　　然而，蓋瑞特主張，探索廢棄場所是在回應現代城市。這個空間「感官過載，保安措施愈來愈多，已然成為常態，唯一被接受的行為模式是工作，接著花錢在預先包裝好的『娛樂』上」。蓋瑞特喜歡稱都市探索為**「空間駭客」**（place-hacking），電腦駭客利用程式缺陷，空間駭客則利用「城市建築的斷裂」。

　　空間駭客以另一種方式體會歷史——未被留心保存、未被當成官方文化遺址管理、任其隨風而逝的歷史。如同某位探險者所言，即便狂熱城市探險者記錄的是聽來平凡無奇、但禁止進入的空間，如廢棄

的醫院或地鐵系統未使用的路段，也能鼓勵其他人「瞭解自己每一天錯過了多少東西」。另一位探險者表示，城市探險「讓好奇心強的人發現幕後景象別有洞天」。

幕後景象值得認真看待，即便你不把極端的私闖當成浪漫的事。

廢棄場所能告訴我們許多事情，即便理論上它們是不該被看到的地方。城市有大量的場所刻意禁止進入；四處都是大大小小的禁區。

尋找禁區，甚至是禁區留下的蹤影。想想你可能錯過了什麼，可以考慮把它們找出來。

到美味度未卜的地方用餐

◉ ◉

　　我們想到美食作家與餐廳評論家時，腦中會想起他們對高級烹飪的專業意見，以及對高級餐廳的評價。然而，無名街區偏僻難找的角落，也能挑起一流美食家的食慾。

　　強納森・古德（Jonathan Gold）是這方面的專家。古德替《洛杉磯時報》（*Los Angeles Times*）撰寫的食評曾替他拿下普立茲獎。從某種層面來講，古德的整個職業生涯奠基於系統性地留意無名美食。

　　古德大學畢業後不久，決定吃遍皮克大道（Pico Boulevard）上的每一家餐廳，一路從洛杉磯市中心吃到聖塔莫尼卡（Santa Monica）。古德日後解釋，這場不可能的大冒險沒有明確可循的規則。其他的洛杉磯大道標榜名氣較大的餐廳——或許也比較好。古德寫道：「然而，就是因為皮克大道如此不顯眼，有如郊區房子側院的老舊草坪家具，那是洛杉磯市中心初階資本主義的核心。」皮克大道穿越令人眼花撩亂的多元街區，呈現洛杉磯與當地居民五花八門的萬花筒景象。古德主張：「皮克大道因此是全球最重要的美食街。」

　　沒錯，古德直言他忍受過不少糟糕的餐點，但他也享受、挖掘不曾聽過的超級美食。他吃遍皮克大道的任務，迫使他走入並體驗無限多元的地點，他平日不會主動去那些地方。古德日後寫道：「那是我學會如何吃的一年。」此外，他對他居住的城市也有了嶄新的視野。

　　不論是在你的家鄉或來到新城鎮，小規模地模仿古德的壯舉，翻轉你平日決定到哪裡用餐的習慣。不要選擇熟悉的連鎖店，避開網路推薦的熱門地點，也不要去看來很有趣的地方⋯⋯選擇相反的地方。

　　某間醜陋的條狀購物中心裡，有一間看上去平凡無奇的小吃店，

連 Yelp 評論都沒有？試試看吧！感受一下那裡的氣氛，詢問關於菜單的問題，暗中觀察其他客人，花幾分鐘探索附近區域。或許，你將能向朋友炫耀你挖掘到的美食。不論好不好吃，你自己將體驗到一個新食處。

閱讀紀念牌匾

👁

　　解說牌與紀念碑是設計來吸引大眾的注意力——卻依舊被許多人忽視。承認吧：你頭也不回經過的解說牌，大概比駐足閱讀的多很多。

　　羅曼・馬爾斯（Roman Mars）是熱門播客系列《九九％隱形》（*99% Invisible*）的製作人，「讀一讀解說牌」是他在這個節目的口頭禪。馬爾斯一遍又一遍指出，牌匾通常說出眼前看不見的精彩故事。readtheplaque.com 網站在互動地圖上提供數千個例子——紐西蘭的一個紀念牌匾不悅地點出，該址原本有一棵四十年歷史的樹，「被官僚體制砍下……就爲了多停一部車。」

　　所以說，如果你看到解說牌，**尤其是**立在完全不起眼的東西一旁，請試試馬爾斯的建議。

處於當下，令人不舒服。

—— 美國詩人瑪麗・豪爾（Marie Howe）

本週記下十個與真實世界有關、不帶隱喻的觀察
👁 👁 👁

　　詩人豪爾要學生每星期寫下「十個真實世界的觀察」。她的要求聽上去很簡單，「只需要告訴我，你今天早上看到什麼，差不多兩句話就夠了，例如，『我看見棕色桌布上有一個水杯，光線折射到三處。』」豪爾在公共電台節目《活著》（On Being）中解釋：「不要用隱喻，這非常難。」

　　這份作業的困難之處在於「不要用隱喻」。「我們喜歡說：『這就**像**這個』；『這就**像**那個』。我們想要看向其他地方。不曉得為什麼，光是留意和描述水杯還不夠。我們感到，如果要讓我們的觀察值得記下，一定得提升到某種更有意義的形式。「抗拒隱喻非常困難，因為你實際上必須忍受事物本身。」豪爾表示：「出於某種原因，我們會感到不舒服。」

　　豪爾告訴學生：不要抽象的形容、不要詮釋。幾週後，學生們抓到了訣竅。「太令人興奮了。」豪爾說：「我是說真的，令人起雞皮

疙瘩。每個人都感受到。每個人不由得喊出：『哇！』一片蘋果、刀子的反光、關上垃圾桶的聲音、外頭的楓樹，還有藍鳥。我的意思是，有如身歷其境，太神奇了。」

豪爾指出，學生最後克服需要**詮釋**的衝動，簡簡單單透過自身的感官**參與**這個世界的本質——「只要留意身邊有什麼就好」，不要比較，不必有參照點，不需要隱喻帶來的捷徑。

過了五、六個星期，在學生充分掌握之後，豪爾告訴他們現在可以用隱喻了。「他們會說：『為什麼要用？』它就是它，為什麼要跟其他東西比較？」豪爾的結論是「沒錯，問得好」。

替共享空間定下你自己的規矩

👁 👁 👁

　　告示牌通常會告訴我們什麼事**不能**做。「不准停車」、「噪音限制區」、「動物或滑板勿入」。我們幾乎總是無意識地遵守那些規定及指示。

　　然而，試著把這樣的指示當成某種挑戰。以剛才的例子來講，如果你有權規定，你會建立什麼樣的禁區？

　　「女性主義穿著」（Feminist Apparel）與「小貓部隊」（Pussy Division）兩個行動團體，為了遏止街頭性騷擾，曾經設計一系列數十種的「禁吹口哨」（No Catcall Zone）告示牌，立在城市巷弄裡。他們的風格模仿了官方的市區告示牌，相似到讓人一下子愣住。有的牌子只有文字，採用「禁止停車」號誌的顏色與字體；其他牌子則加了符號（如逗趣的貓咪），模仿官方部門長期使用的人物剪影號誌牌。

　　在你移動的空間裡，尋找公告規則與規定的視覺指示。觀察你身邊出現的行為，找出在哪些地方來一點（長得像）官方的小小引導，可以讓世上的這個角落更美好。

替這個世界加註

　　瓦茲沃爾斯屋（Wadsworth House）是哈佛大學校園內最古老的建築物之一，建於一七二六年，目前的用途是行政辦公室。瓦茲沃爾斯屋從前是數任哈佛校長的官邸，校長的大名被後人刻在屋外的灰色方碑上。

　　二〇一五年，有人在那塊紀念碑上貼了一張粉紅色的紙，加上真實世界的評註。上頭寫著：「這棟房子也是蓄奴制度的發生地。在這棟建築物中被奴役的人士包括提圖斯（Titus）、維納斯（Venus）、朱巴（Juba）、辟拉（Bilhah）。」提圖斯、維納斯、朱巴與辟拉是其中兩任哈佛校長的奴隸。粉紅紙張就貼在紀念碑上校長名字的正下方。這張紙是「哈佛與奴隸制度」（Harvard and Slavery）計畫的子活動，源自於哈佛的一場研討會，致力探討在哈佛校史中扮演了重要角色、但被無視的奴隸制度。

「探討機構扮演的歷史角色的相關辯論，分裂了全國的校園。」線上刊物《尋蹤》（*Atlas Obscura*）在事件的當下報導：「學生在不推倒紀念碑的前提下，靠著加註，評論校方的紀念選擇。密蘇里大學與維吉尼亞州的威廉與瑪麗學院（William & Mary），都用便利貼把哲斐遜（Thomas Jefferson）總統的雕像蓋起來，上頭寫著哲斐遜不那麼英雄的一面。」

　　不論是作為抗議、教育，或兩者皆是，真實世界的註解提供觀看世界的新角度。你已經知道有哪些地標或紀念碑說出自家版本的故事——卻沒說出**全部的**故事？你會加上哪些事蹟，讓他人知道？此外，當你碰到沒看過的地標與紀念碑，你可以問哪些問題，找出目前被隱藏（或至少沒被提及）的事情？

　　最初的註解被貼在瓦茲沃爾斯屋後不到一年，哈佛替建築物加上一塊永久石碑，紀念四名奴隸，讓那道註解成為官方史話的一部分。

撰寫個人紀念牌區

◉　◉

　　幾年前，我的朋友鮑伯‧薩菲亞（Bob Safian）在我們兩人當時工作的《美國律師》（*The American Lawyer*）雜誌，發表了一篇感人肺腑的文章，講他的表弟慘遭殺害的事。他們兩人情同親兄弟，表弟的死令他大受打擊。薩菲亞後來去了犯罪現場，訝異現場根本看不到任何悲劇發生過的痕跡。

　　薩菲亞想像在平行宇宙裡，每個謀殺地點都被清楚、永久地標示──放上牌區，永久紀念發生了什麼事，讓世人得知遇難者的身分。

　　我一直忘不了那篇文章。

　　一項長期推動設置「幽靈單車」（ghost bike）的運動，正好呼應了薩菲亞的想法──把漆成白色的單車擺在路邊當紀念碑，地點是十字路口附近，或是其他單車騎士被汽車駕駛撞死的地點。費城藝術家莉莉‧古德史畢德（Lily Goodspeed）近日的作品，讓我再度想起這個概念。

　　播客節目《九九％隱形》部落格上的一篇文章解釋，古德史畢德命名為〈未來牌區〉（Plaque to the Future）的計畫，提供了「不尋常的紀念牌區」。「傳統的金屬牌區成本較高，死者必須是名人才會被放上去。」古德史畢德則製作長得像傳統牌區的「防水貼紙」，給予世人「空間，重新思考傳統牌區的侷限」。

　　這些貼紙版「牌區」，用途是記錄對個人具重大意義與平日帶來驚奇的小時光。

　　「二○一七年七月，德瑞克‧B 走在迪金森街上」，一個貼紙牌區寫著：「他看見一個女人打開門，像投球一樣，朝著這根電線杆扔

出吃了三分之二的熱狗（熱口還夾在麵包裡，上頭淋著番茄醬與醃黃瓜），接著關上門。德瑞克滿頭問號。」

其他貼紙牌區記錄的事件，包括哈巴狗在 CVS 藥局橫衝直撞，或是幾個朋友都在公園等地點與戀人分手。

直到今天，每次想起薩菲亞的文章，依舊讓我好奇所有街道角落的祕密史。古德史畢德的計畫，提供另一種思考相同概念的方法。每當我重新造訪幾乎只對我一個人有意義的熟悉地點時，就會想起她的計畫：我得知自己錄取工作後坐過的公園長椅、我和某人最後一次告別時頭上的遮雨篷、沒看路的腳踏車騎士不小心撞斷我手臂的一段鄉村道路。

我不需要紀念牌區來標示這些地方，不過再次經過時，我喜歡停下來想一想，如果要立的話，我會說什麼。

記錄大自然日誌

◉ ◉ ◉

　　設計師湯姆‧維斯（Tom Weis）任教於羅德島設計學院（Rhode Island School of Design）。他為了讓班上的學生與自然系統產生連結，好好探索與瞭解地方溼地，要求學生每星期花一小時記錄大自然的觀察。維斯表示：「這和航海日誌很像，我要學生記錄天氣、潮汐（如果靠近溼地）、植物、溫度變化等。」

　　請用相同的概念記錄你身旁的自然景觀區。替最近的公園、社區花園或空地，記錄大自然日誌。依據觀察地的特點，調整你記錄的項目。檢視資料，向鄉里團體介紹你的觀察。

替一個地方製作一分鐘影片

👁 👁 👁 👁

　　寶拉・安特娜利（Paola Antonelli）是紐約現代藝術博物館建築與設計部的資深策展人，也是具備高度原創性的思考者，她以過人的遠見引導自己無窮無盡的好奇心。我請安特娜利建議一些練習，協助大家增強觀察與留心的能力。她一反流俗，首先反駁一個今日大家很熟悉的建議：從放下手中的電子裝置做起。安特娜利主張：**「手機引發的強迫症能帶來發現，也能帶來真正的深度學習。」**

　　安特娜利二○一一年具備未來感的《和我說話》（*Talk to Me*）展覽，有個子計畫「我的紐約街區」（myblocknyc），鼓勵個人替自家街區製作一分鐘的影片，集中放在互動式地圖上，方便大眾在地方人士的愛鄉之情中探索城市。

　　安特娜利從這樣的概念出發，建議大家把手機當成某種占卜棒，挖掘出值得留意、可以拍攝成短片的有趣元素。她建議做這個練習時，「地點任選，看是你的臥室、祖父的農場、廣式點心餐廳或地鐵。」你可以從一樣經過設計的物品接到下一樣，構成某種敘事。決定好你要介紹多少東西、為什麼要介紹。把影片剪輯成一分鐘長度，描述一個地點，介紹那個地點的特色事物。

製作圖鑑

👁 👁 👁 👁

　　至少在十九世紀，就可以見到「圖鑑」（field guide）的蹤影。圖鑑是一種羅列自然界鳥類、植物或元素的目錄，功能是在野外提供參考及協助。藝術家暨鳥類學家羅傑・托瑞・彼得森（Roger Tory Peterson）一般被視爲今日最熟悉的圖鑑形式的創始人。他最初的各式鳥類彩色插圖，收錄於一九三〇年代的一本指南，出版後歷久不衰。我的父母經常隨身攜帶的《彼得森北美鳥類圖鑑》（*Peterson Field Guide to Birds of North America*），也是採用「彼得森辨識系統」（Peterson Identification System）的眾多指南中不斷再版的一本。

　　圖鑑的教育精神自此被傳承下來，也用來介紹人造世界的元素。設計師彼得・道森（Peter Dawson）曾經明確把自己的《設計師的字體應用術：117 款設計師必知的好用字體造型辨識、實用圖例解析》（*The Field Guide to Typography: Typefaces in the Urban Landscape*）一書，比喻爲某種賞鳥人士會仰賴的參考書。從某種層面來講，道森的著作是文字設計的概述與介紹。這類的書籍市面上汗牛充棟，但圖鑑的概念讓《設計師的字體應用術》成爲寶貴的參考書，協助對設計特別感興趣的初階人士，認識自己看到的招牌及其他場所文字的字體名稱（或是學著尋找各式字體）。

　　我最喜歡的圖鑑類型更細、更專精。提姆・黃（Tim Hwang）與克雷格・坎農（Craig Cannon）出版的《貨櫃指南》（*The Container Guide*）是巨細靡遺的運輸貨櫃導覽。英格麗・伯林頓（Ingrid Burrington）的《紐約網絡：都市網際網路基礎建設插圖指南》（*Networks of New York: An Illustrated Field Guide to Urban Internet*

Infrastructure），教讀者解讀神祕的人行道標誌。對於試圖「看見網際網路」的人士來講，那些記號告知了纜線與光纖線的設置地點與規格，標出公司行號的網路是如何接到某些人孔蓋，並且記載著知名數據中心與類似設備的實體地點。

朱利安・蒙塔格（Julian Montague）二○○六年的《北美東部被遺棄的購物車：實地鑑定指南》（*The Stray Shopping Carts of Eastern North America: A Guide to Field Identification*），可說是最著名的非傳統圖鑑。他以一本正經的荒謬風格，詳細分類出二十一種「真迷路」的推車，以及九種「假迷路」的推車，小心翼翼區分其中的不同，例如，各種僅僅流浪至另一個零售停車場的「購物中心漂流型推車」，不同於「垃圾容器型推車」（這種推車又可分為兩種）。

圖鑑是如此專門，但也包羅萬象，圖鑑的概念因此有趣起來，還可能很實用。想一想在你熟知的某個環境，像是住家附近或辦公室，有哪些重複出現的物品、人物類型？幾乎任何事物都可以。何不依據你的觀察，寫一本《地方狗兒圖鑑》？從名字、外貌描述、友善程度和吠叫風格，加以辨認歸類。你也可以做研究，來一本《四樓辦公室隔間座位的有趣個人物品圖鑑》。想出自己的原創點子。最後是否真的寫出來不是重點，重點是你要實行的觀察的田野調查。

自 我 測 試

　　看著某樣靜止不動的東西，移開視線，寫下你剛才看見的所有細節。之後，再回頭看那樣東西，對照一下，看你答對了多少。

　　這個點子是紐約市立學院的社會學教授海姆里奇提供的，讓我想起家具設計師尼爾森曾經提問：「你能不能描述居所中任何地毯的顏色與花樣？臥室的壁紙？前廳掛的照片？上一次有人看著它們是什麼時候？」

　　尼爾森親自挑戰過這樣的問題。他猜想會在自家客廳找到多少張臉（動物的臉或人臉；圖畫、印刷品、相片、雕刻中的臉）：尼爾森猜大概會找到十來張臉，接著開始數，最後坦承：「我答得一塌糊塗。」他原先以為答案是十多張臉，最後竟找到了四百張。

　　你也挑戰一下吧。

4 與他人連結

你愈安靜，

聽到的東西愈多。

—— 靈修導師羅摩·達斯（Ram Dass）

連結你內心的修士

👁 👁

　　魁北克的奧卡修道院（Oka Abbey）是北美最古老的特拉普會（Trappist）修道院。院中一名修士表示：「沉默就是聆聽。」

　　特拉普會修士以遵守「沉默誓」出名。發言的這位修士寫下自己的觀察，藉著電子郵件與記者交流，不過實際上，奧卡修道院的修士**的確**偶爾會和彼此講話——但僅限於做修道院工作時，「傳遞必要資訊。」關鍵不是一句話都不能講——而是只在**必要時刻**開口。

　　「我們遵守聖本篤會規，」這名修士解釋：「會規的第一個字就是『聽』。聽是沉默重要的道德元素：克制住自己的話，聆聽他人的觀點。」

　　另一名修士補充：「沉默對所有人都有益處嗎？**我會說，培養沉默的能力是為人處事不可或缺的一環**。人們有時會說自己在『尋找沉默』，就好像沉默消失了，或是他們不小心把沉默擺到某個地方。然而，沉默不是會放錯地方的東西。沉默是無窮的地平線，就在他們說過的每一個字的背景處。他們卻說自己找不到？不必擔心——沉默將找到他們。」

　　想像在日常生活中遵守沉默誓的精神，挑戰自己一整天唯有絕對**必要**的時刻才說話。行為心理學專家普遍觀察到（凡是第一次約會的人也知道），我們太常把「對話」當成一場等待輪到自己說話的遊戲。我們沒聽到對話的另一方說的話，因為我們在心中預演自己接下來要說什麼。

　　如果不把對話中的下一個空檔，當成可以一股腦倒出心中在想什麼的機會呢？假設你被限制，比如一天只能說五十個字？我想你一定

會用相當不同的方式聆聽。你將仔仔細細聽見每一個字，聽出**一定得**回應的話。你會發現說得愈少，聽得愈多。

沉默不是終點，

而是催化劑，有機會

發現外頭的世界

或你的腦中

更真實的事。

—— 作家戴安・庫克（Diane Cook）

應用「SLANT法」

◉ ◉

　　要是心思跳來跳去，無法專注於課堂講課或討論，你將吸收不了歷史課、數學課或文學課的內容。數不清的教育人士會告訴你，定不下心是普遍存在的問題，有些人主張讓學生刻意培養「持久的注意力肌肉」，包括著有《只想買條牛仔褲：選擇的弔詭》（*The Paradox of Choice*）一書的斯沃斯莫爾學院（Swarthmore）心理學教授貝瑞・史瓦茲（Barry Schwartz）。

　　有的學校採取一套縮寫為「SLANT」的方法，包含：坐正（**s**it up）、往前傾（**l**ean forward）、詢問與回答問題（**a**sk and answer questions）、點頭（**n**od your head）、追蹤說話者（**t**rack the speaker）。

　　「SLANT法」也能輕鬆運用在任何的會議或對話。

　　「坐正」與「往前傾」就如字面上的意思。「發問」顯示理解的程度，也能促進投入的程度。「點頭」表示理解與增強連結。「追蹤說話者」的意思只是看著說話的人。這點除了是基本禮貌，也讓學生更能理解聽到的東西。

　　史瓦茲在《石板》（*Slate*）雜誌的專欄指出，教師可以利用「SLANT法」鼓勵學生拿出培養「注意力肌肉」的態度。此外，我們所有人都能把「SLANT法」當成心中的檢查表，隨時確認自己是否做到。下次你發現自己對話時心不在焉，做一下「SLANT法」的五個步驟。

無私地聆聽

👁

　　我們都知道**被迫**聆聽的感受，也知道為什麼，有時候即便是脾氣再好的人，也會受不了。

　　然而，有時我們應該強迫自己「忘我」地聆聽。這方面，我讀過的最佳建議，出自《華爾街日報》（*The Wall Street Journal*）情感專欄作家伊麗莎白・伯恩斯坦（Elizabeth Bernstein）的文章。伯恩斯坦提到一名讀者是六十六歲的會計師，這位會計師「認為世上最好的禮物，就是真心聆聽另一個人說話，不要打斷、下判斷，也不要加進自己的看法」。

　　那位讀者是如何幫助自己做到的？答案是呼吸。

　　他聆聽時，尤其是聽見令自己防衛心增強、想要回應的時刻，他會開始深呼吸。那位讀者指出，這個概念源自某種海軍陸戰隊的狙擊手訓練，但其實相當符合直覺。深呼吸是一種古老的方法，只不過現在有現代科學加以佐證，能抑制皮質醇的生成，也就是壓力大時腎上腺分泌的荷爾蒙。

　　那位讀者主張：「呼吸可以讓時間靜止下來。」他的聽力變敏銳，得以接收到非口頭的線索，更能敞開心房。「呼吸能給你空間，也給其他人空間。」不用說，在一段感情中，空間是關鍵。不過，幾乎所有的人際互動也需要空間。

如果你真的能用上注意力，

根本沒必要學習如何「展現」你是如何專注。

—— 瑟列斯特・赫莉（Celeste Headlee）

和陌生人講話
👁 👁

　　我生性害羞，因此從來沒想過陌生人能帶來增進注意力的靈感，直到幾個學生向我提起這種可能性。

　　身兼作家與老師的綺歐・史塔克（Kio Stark）以令人信服的方式，在《每一天的街頭冒險：解讀現代都市生活各種趣味潛規則》（*When Strangers Meet: How People You Don't Know Can Transform You*）一書中，鼓勵大家和陌生人聊天。史塔克提供了一些小訣竅，鼓勵無法「自來熟」的讀者和別人說說話。

　　其實，不是只有我不習慣和別人攀談，共享的公共空間尤其讓人感到拘束。多數人都遵守社會學家所說的「**禮貌性疏忽**」（civil inattention），也就是我們已經有默契地定下某種「井水不犯河水」的協議，避免打擾彼此。史塔克建議找個小小的機會，打破這樣的社會習慣——小小的就好。

　　舉例來說，當你看到有人需要幫忙找路，就抗拒快步離去、眼神移開的衝動，伸出援手。我的一位學生做了類似的事。一位老太太隨

口告訴他街上都是亂丟的垃圾。我學生選擇認真聆聽老婆婆說話，也應了幾句。兩人只是萍水相逢，但那在我學生心中留下深刻的印象。

史塔克建議，當你察覺到這種可以安心聊幾句的時刻，就自己製造機會。問問題，讚美他人，試著「依據雙方所在的空間，隨口拋出觀察心得」。

史塔克也提醒一些常見的禁忌，例如：不要打擾看起來在趕時間的人，也不要自以為在「讚美別人」，其實是在騷擾，以及不能沒禮貌等等。

不過，記得保持開放的心胸。正如史塔克所建議的，重點是問問題，接著保持安靜：**「給對方機會填補自己的沉默。」**這種作法其實是採訪者與記者很早就知道的老招數——只要是人，都會直覺想要打破尷尬的沉默空檔，但最好抗拒開口的衝動，讓對方說話。「人一旦感覺有人聽自己說話，」史塔克寫道：「就會打開話匣子。」

不過話說回來，人與人之間的連結不一定要靠語言。我看過最可愛的例子是史塔克一個學生的小故事——那個故事以充滿詩意的方式證明，我們有可能不說一個字，也能與陌生人交流。有一次，史塔克的學生在地鐵裡面戴著耳機聽音樂，坐他旁邊的女生也一樣。「我的學生拿下耳機，遞給對方。」史塔克寫道：「對方困惑了三秒，接著也拿下自己的耳機，和我學生交換。」幾分鐘後，兩個人又互換回來。「彼此間，沒說一個字。」

尋找陌生人

　　電台製作人亞倫・亨金（Aaron Henkin）用相當有條理的方式與陌生人互動，目標是「遇見並訪談在巴爾的摩（Baltimore）的街區 A 居住和工作的每一個人」。亨金最後製作了一支聲音紀錄片，還因為和不認識的人聊天，學到許多事。

　　想像一下和亨金一樣，挑什麼地點都可以，和**你的**街區、你的辦公室、你週末游泳的地方的每個人見面和聊天。當然，你最後不必和亨金一樣製作某種成品，光是和陌生人（包括有點熟悉的人）產生連結就夠了。

陌生人遊戲

👁

　　萬一你和我一樣害羞，無法任意跟陌生人說話，也不代表你就得假裝身邊沒有其他人。說不定你能在沒人察覺的情況下，讓陌生人成為你的繆思女神。

　　攝影師及其他藝術家提供了許多記錄陌生人的例子，不過我喜歡丹尼爾・高倫（Daniel Koren）與瓦尼亞・海曼（Vania Heymann）兩位藝術家的點子。高倫發現自己走路時，要是剛好和身邊的路人步伐一致，他會感到尷尬——直到他開始把這種經驗當成一場競走（只有他自己知道的競賽）。高倫和海曼最後製作出《競走》（*Walking Contest*）這支令人發噱的影片，藉由日常的尷尬時刻，展現令人會心一笑的人際互動本質。

　　你獲得的回報，正是以有創意的方式關注陌生人的價值。你永遠不知道陌生人會怎麼做，其實有無數的方法可以和他們互動——即便這場互動只發生在你心中。

讓陌生人帶領你

👁 👁 👁 👁

　　藝術家維托・阿肯錫（Vito Acconci）著名的作品《跟隨》（*Following Piece*），創作日期是一九六九年的數週期間。阿肯錫每天隨機挑一個人，跟著這個人在紐約街頭亂晃。阿肯錫會一直跟著他的對象（對方不曉得他的計畫），直到那個人進入他無法進入的空間，如住宅、一下子疾駛離去的車輛。跟蹤時間可能是幾分鐘，也可能是幾小時，一切要看被跟蹤的陌生人剛好做了什麼事。有一次，阿肯錫的跟蹤目標進了電影院，阿肯錫因此跟著把整部片看完。

　　阿肯錫不認為自己在追求危險或在偷窺，甚至對跟蹤對象也沒特別感興趣。「只是為了讓自己離開寫作工作桌，走進城市。」阿肯錫在數年後提到：**「就好像我祈禱人們帶我到一個我自己不知道怎麼去的地方。」**

　　一九八〇年代，藝術家蘇菲・卡爾（Sophie Calle）也發展一個跟蹤陌生人的計畫，後來恰巧有人在派對上向她介紹她之前跟到的人。對方提到自己不久之後會去一趟威尼斯──卡爾決定也跟到威尼斯。卡爾抵達威尼斯後，花了幾天找到對方，開始盡己所能跟在後頭──直到那位先生認出她為止。

　　這場跟蹤成為卡爾《威尼斯系列》（*Suite Vénitienne*）一書的主題，探討監視與跟蹤。不過，如同評論家所言，卡爾也發現一個基本事實：「我們帶著自己心中的神祕任務過日子，其他人對此根本一無所知。」

　　借用這種跟蹤方式可能需要一點勇氣，甚至有點危險。然而，也可能帶來一場真正的冒險，看見意料之外的新鮮事物。《精靈寶可夢

GO》備受各界讚揚的原因，就在於這個遊戲鼓勵玩家造訪新地點——只是有人抓寶時漫不經心，走到峭壁邊緣、暗巷，甚至釀成幾場車禍，所以說危不危險或許是相對的。

通過意識形態的圖靈測試

👁 👁 👁 👁

假設你擔心自己的世界觀太狹隘、太自我增強——常陷在所謂的同溫層裡，只會接觸到自己原本就同意的觀念與觀點。於是，你不但感到對立的觀點有誤，而且根本是無稽之談。

光是會擔心這件事就值得讚揚。同溫層是很多人都有的問題，明顯的徵兆是完全不認為其他觀點可能具備價值，只是被忽略而已。

泰勒‧科文（Tyler Cowen）是熱門部落客與喬治梅森大學的經濟學教授，上通天文，下知地理，從高階的政策議題到德州烤肉，都能侃侃而談，不過就連**他**也坦承擔心自己活在同溫層裡，還提供大家幾個可能的解決方法。

「相較於網路世界，面對面相處的時候，你比較難討厭別人。」科文指出：「你可以刻意身處自己是少數派的環境，此時你會直覺想要迎合他人。所以說，如果你是保守派，那就和人文學科的學者相處一下。如果你是改革派，請拜訪偏右派的教會團體。」

或許科文說的沒錯，面對面的互動是解決同溫層問題最有力的策略，但這種作法也相當困難，必須用上你可能缺乏的時間與資源。

科文因此提供第二項建議——他開玩笑警告，這種作法「或許不是那麼舒服，因為可能真的有效」。科文建議試著通過「意識形態的圖靈測試」（ideological Turing test，科文說這個詞彙來自他的經濟學家同事布萊恩‧卡普蘭〔Bryan Caplan〕）。原始的圖靈測試，試圖設計出能「成功假扮」人類的機器人或電腦人工智慧。「意識形態的圖靈測試」則是扮演你反對的觀點的支持者。

「寫日記、寫部落格，或是設一個匿名的 Twitter 分身帳號。」

科文建議：「接著藉由那個媒介，偶爾寫一篇文章支持你不贊同的觀點，愈有說服力愈好。」科文順道提醒，如果你需要「保持內心的平衡」，可以採取包含雙方觀點的對話形式；此外，如果不想公開文章，不需放到網路上，寫好就刪掉。不論你怎麼做，記得要花時間「替對立的觀點做最有力的辯護，每個月至少一次」。

這帶我們回到意識形態的圖靈測試。你有沒有辦法陳述自己不同意的觀點，讓真正支持那個觀點的人贊同你所說的話？把你寫下的東西拿給觀點對立的人士看看，詢問對方的想法。

邀請親友或甚至是陌生人，

和你一起錄製有意義的訪談。

這可能是你的訪談對象一生中

最重要的時刻——也是你的。

—— 廣電製作人大衛·艾賽伊（Dave Isay）

訪問親友、陌生人──甚至是意識形態與你對立的人

◉ ◉ ◉

　　創立於二○○三年的「故事團」（StoryCorps）鼓勵大家自行挑選對象，兩人一組進行對話，如朋友、母子、情侶。此一對話採取訪談的形式，通常在故事團的專門錄音室進行，接著收藏於國會圖書館的美國民俗中心（American Folklife Center at the Library of Congress）。有的訪談還會登上全國公共廣播電台，說不定你也收聽過。目前已有超過十萬名民眾參加這項計畫。

　　故事團的訪談，或是「訪談」這種知識建構活動本身，讓人更懂得聆聽，因為不聽不行。故事團創始人艾賽伊指出（每位新聞從業人員都知道），訪談的架構（包括麥克風、錄音機，甚至只是一本便條紙跟筆）能讓發問者追問隱藏在平凡瑣事中的故事。

　　艾賽伊當過電台記者，他知道訪談通常對受訪者的意義更重大。「光是受訪，就會讓人感到深具意義，」艾賽伊事後提到：「尤其是有些人曾被告知他們的故事不重要。」艾賽伊有次把印成書的對話記錄拿給某位受訪者看，那位男士的反應竟然大喊：「我存在！」（這件事日後也啟發艾賽伊成立故事團。）

　　不過，以訪談的形式對談能否帶來更理想的對話、更有效的聆聽，加深人與人之間的連結？關鍵是提出好的問題。這種事說來容易，做起來難。喬治亞的公共電台主持人瑟列斯特・赫莉依據多年的訪談經驗，提供一套能帶來「更理想對話」的作法。

　　詢問開放式的問題，也就是無法簡單用「是」或「不是」回答的問題。你要找出人、事、時、地、物等基本事實，但也要**追問**下去，不能停留於表面。那是怎麼一回事？有什麼感覺？如果你在對話中聽

到不懂的事，那就明說，不必裝懂。

故事團分門別類列出幾百個絕佳的訪談問題。以下是前面十個，你可以從這裡著手，沒有一定的順序：

- 你的生命中最重要的人是誰？可以談談他／她嗎？

- 你人生中最快樂的時刻是什麼？最難過的時刻是？

- 你這一生受到誰的影響最大？那個人教了你什麼？

- 這輩子對你最好的人是誰？你在人生中學到最重要的一課是什麼？

- 你最早的記憶是什麼？

- 有關於我的記憶，你最喜歡哪一段？

- 想得到一些家人提過、關於你的有趣故事嗎？

- 你的人生中，有沒有什麼想分享的好玩故事、記憶或人？

- 你最自豪的事情是什麼？

- 人生中的哪一段你最感到寂寞？

艾賽伊表示：「**你需要勇氣才有辦法聊這些事。**」故事團鼓勵參與者或多或少直接從「人終有一死」的角度切入：我們做這場訪談，是因為我們全都會死。我們希望有關自己的某件事會流傳下去。這也是為什麼故事團最後登上廣播節目的訪談，通常能發揮最大的效用：

「你聽見眞誠的故事。」

　　故事團最新的計畫需要更多的勇氣才能效法。「一小步」（One Small Step）計畫鼓勵政治觀點對立的人們訪談彼此。這是一個大膽的概念──再次深深提醒我們，一定要記住眞正的聆聽需要花費很多的力氣。

訪問長者

◉ ◉

　　老年學家卡爾・皮勒摩（Karl Pillemer）在事業中期碰上一個難題時，已是聲譽卓著的老化、政策與計畫專家，致力於改善「變老」這個人類共通的歷程：他希望縮小「自己政策方面的抽象知識」和「專業知識理應服務的人士」之間的鴻溝。後來他靈機一動，寫道：「為什麼不從一項歷史和人類一樣久遠的活動著手：向你認識的長者求教？長者有一樣其他人沒有的東西：他們已經活了大半人生，走過我們尚未走過的路。沒錯，已經走過漫長一生的人士，擅長在找方向時，評估哪些事『可行』、哪些不可行……他們從不同的時間觀點看待我們目前的問題與選擇。」

　　皮勒摩建議和另一個「未來的你」談一談──也就是活出你欣賞或立志擁有的人生與職涯的「專家」，他們「**代表你想當的『自己』**」。皮勒摩講得很白，這個人「應該要很老了──最好是**非常**老。如果你現在二十歲，不要找才四十歲的人；你要找八、九十歲的人，可以的話，找個百歲人瑞。」

　　你認識年紀最大的人是誰？

　　在你家附近誰最老？

　　你可以請教他們哪些事，他們會樂意分享？

　　你可能要花點工夫，才能找到正確人選。一開始，可以從你特別想知道、想學習的事情著手，不過也要試著讓對方自由回答，讓雙方都感到興趣。

　　想問什麼都可以：當你被某個問題困住，不曉得該如何解決時，向他人求教是個不錯的起點。你可以詢問受訪者他們早期做過什麼樣

的工作，他們喜歡／不喜歡學校的哪一點，他們第一次離家發生什麼事，冒過最大的險是什麼，甚至從受訪者的觀點來看，從前的哪些科技讓世界大大不同或是令人印象深刻。

受訪者記得哪些事？他們希望別人問什麼？

找出屋內最不搭的物品，問一問背後的故事

👁

喬舒亞・格倫（Joshua Glenn）與卡蘿・海耶斯（Carol Hayes）主編的《認真看待》（*Taking Things Seriously*），邀請數十位作家與設計師用短文介紹一件不尋常的物品。那樣物品對物主來說具有重要意義，其他人則看不出有什麼重要性。換句話說，避免介紹最新的奢華設計圖騰，也不要介紹採用尖端科技的裝置，而要介紹一樣最不搭界、主人就是要自豪地擺在客廳壁爐架或辦公室桌上的小東西。

我們因此得知某位設計師莫名其妙展示的泡綿包材，其實是葛萊美獎盃的包裝。

小說家莉迪亞・米萊特（Lydia Millet）留著一隻可笑的塑膠狗，令人想不到的是，那隻狗和一場熱戀有關。

一座巨大的滑稽獎盃，原來是內疚的男友因為錯過生日派對而補送的道歉禮物。

卡通畫家比爾・格里菲思（Bill Griffith）留著數十年前在路上撿到的雜牌汽水奇皮（Zippy）的空罐子──原因是他日後大受歡迎的卡通作品 LOGO，就是受到那個罐子啟發。

這些事不只是好玩而已。到別人家中、辦公室或公司時，找一找目光所及之處最讓人費解、最不可能出現的物品，問一問：「那個東西背後的故事是什麼？」接下來，你大概會聽到一則難忘的故事。

珍惜生活中的

萍水相逢。

—— 電影工作者李維契（Speed Levitch）

讓惱人的事增添詩意
◉ ◉

「我的嗜好之一，」戈德史密斯在《缺乏創意的寫作》（*Uncreative Writing*）一書中寫道：「就是維持兩、三步的距離，跟在正聊得起勁的兩個人後頭，走上幾個街區。」

那聽起來令人渾身不舒服。然而，行事經常違反直覺的戈德史密斯（前文我們在談杜象的「次薄」概念時，提過戈德史密斯的看法），其實是從作曲家凱吉那兒得到靈感。凱吉主張，只要學會聆聽，無處不是音樂。戈德史密斯寫道：「我們的周圍無處不是詩」——兩個陌生人在聊天也算，他們的對話「被紅燈加上標點，話語本身因此具備某種節奏與韻律」。

戈德史密斯認為，這個理論也適用許多在人行道與公共空間講手機吵到別人的人。心理研究指出，聽到有人在講手機，比聽到面對面的談話更令人分心，部分原因在於被迫聽到對話的人，大腦會試圖「填空」，理解耳中傳來的「一半對話」在講些什麼。研究人員解釋：「如果你只聽到一個人在對話，你會不斷解釋那些話的脈絡。」

然而，戈德史密斯主張，他人的聊天內容同樣能成爲某種詩。「我喜歡把〔他們的喋喋不休〕當成某種釋放，」戈德史密斯寫道：「帶來另一層的語境豐富度，重新想像公共論述。一半的對話帶來敘事的分解，彷彿人擠人的城市不停吐出精彩的獨白。」

　　眼睛看到的東西也能運用相同的概念。

　　戈德史密斯與作家大衛・溫德里克（David Wondrich）有一次刻意在城市景觀中尋找小小的不完美，並記錄下來，像是教堂外「被削去一半」的裝飾物、奢華大樓旁少了一根螺絲釘的招牌、富麗堂皇的旅館前方「左右沒對齊的半圓柱子」。接著，兩人再把自己的發現做成充滿詩意的投影片，命名爲「破碎紐約」（Broken New York）。

猜 猜 某 個 人 在 想 什 麼

👁 👁

電台主持人瑪諾什・佐摩羅迪（Manoush Zomorodi）在《愈無聊，愈開竅》（*Bored and Brilliant*）提到，在某種層面上，智慧型手機是許多人用來輕鬆逃離的簡單方法。佐摩羅迪提出一系列的挑戰，催促聽眾快點回到實體世界。

佐摩羅迪提出的終極挑戰之一是「觀察其他事物」，要聽眾前往某個地方（「公園、購物中心、加油站、咖啡廳」）坐上一段時間，什麼都不做，只能觀看。佐摩羅迪建議：「停下來想像某個人在想些什麼。」

這個挑戰聽起來很簡單，做起來卻很費腦力。你必須挑選好對象，接著依據觀察來推論，想一想那個人在世上的處境。你只能依據你能觀察到的事，推測對方的心情與心態，還必須想像一則故事的起承轉合，猜想這個人目前處於故事的哪個階段。

你必須想像一則你永遠不會得知結局的故事，即便你就是那個說故事的人。

貢獻時間

　　或許你感到時間不夠。有太多的事要做，沒機會放鬆，也無法專心或停下來欣賞這個世界。感受到**「時間荒」**（time famine）不是什麼罕見的現象。一群管理學者著手研究如何才能解決這個問題，最後提出意想不到的辦法：**分一些時間給別人**。

　　研究人員把受試者分成兩組，其中一組收到禮物──這一組得到的指令是，把一段時間花在自己身上，有時還會得到意料之外的時間小禮物：提早離開實驗。另一組得到的指示則是，把相同長度的時間花在別人身上：煮大餐、寫信、幫鄰居忙、撿公園裡的垃圾。接下來，兩組人被問到他們做的事如何「影響到自身對於時間荒的感受」。研究人員得到的研究結果是，「相較於把時間用在自己身上的人，把時間用在別人身上的人，感覺擁有更多的時間。」

為什麼會這樣？

研究人員提出的假設是奉獻時間會增加「**自我效能**」（self-efficacy）的感受，定義是「一種有辦法做到所有該做的事的（罕見）感受」。畫掉一項你的個人待辦事項可能不具這樣的功效，因為畫線的同時也提醒你清單上還有**其他**沒做的事。

然而，幫鄰居清理車庫這件事本身就足以帶來成就感──**你完成的這件事**，能產生「明確、有形的影響」。

你能把時間捐贈到哪裡？探索一下可能性：哪些人有可能因為哪件事需要你的時間？想一想你認識的人，但不僅限於熟人。問問別人有沒有什麼點子。評估得出的各種可能性，多多留意，接著採取行動。

問五個問題，給五次讚美

👁 👁

　　哈佛商學院談判、組織與市場研究所的助理教授艾莉森・伍德・布魯克斯（Alison Wood Brooks）在《華爾街日報》的專欄，探討「改善職場對話」這個看似微不足道的主題。布魯克斯給了兩項明確建議：一是多提問，二是多讚美。

　　那篇文章指出，許多典型（容易被拋在腦後）的辦公室閒聊方式是簡單交換幾句話，但只要加上一、兩個問題，這種對話就能變得更實用，長留在腦海。舉例來說，如果有人告訴你「這場簡報很精彩」，不要只說謝謝，還要加上幾句話，例如：「你認為有沒有什麼可以再加強的地方？」你可能因此得到實用的資訊，連帶讓人知道你能夠虛心接受意見。

　　讚美能改善人際互動的原因顯而易見──方法卻很重要。拍到馬腿的讚美倒人胃口（「你這麼笨，還能做得這麼好，真不容易」），還不如不開口。所以，讚美時不要說：「沒想到你能如何如何」，而要盡量明確，像是「你的簡報條理分明，讓人一下就抓到重點」。

　　相關的策略用途很廣，不只是辦公室禮儀，也不只是透過閒聊，對職涯產生正面幫助，還能協助我們與陌生人、朋友，以及交情不一的人互動。

　　所以說，在一星期中試著問五個問題，給五次讚美。不需要問很重大、涉及人生意義的問題，只要誠心表達好奇就可以了。你會發現你必須很用心，仔細聽他們說話，才有辦法問出好問題。

　　讚美他人也有相同的功效。當然，讚美要經過大腦。男人誇獎女人的裙子，不僅不會深入話題，反而令對方噁心或害怕。不論如何，

記得要用心留意一般會無意間錯過的事（包括行為與行動）。

如果你不確定該不該開口，或是你真的超級害羞，也可以默默觀察周遭**值得讚**美的事物就好；這有點算是迴避挑戰，但無傷大雅。此外，這麼做仍會帶來一些好處：想讓自己看上去用了心，最好的辦法就是真的**用心**一點。

找出可以抱怨的事

👁

　　人們說抱怨不是好事。當然，如果**沉浸**在負面情緒中，抱怨當然不好，但承認吧：沒抱怨就沒進步。訣竅是把負面批評當成工具，而不是抱怨完就算了。據說 LCD Soundsystem 搖滾樂團的創團元老詹姆士・墨菲（James Murphy）講過一句至理名言：

　　「最好的抱怨方法，就是做點什麼。」

　　墨菲其實沒說過那句話，但他講過相當接近那股精神的話。與其感嘆沒人製作他想聽的音樂，不如自己來。

　　作家與演講大師賽斯・高汀（Seth Godin）也發揮了相當類似的精神，建議用正向的負面角度看世界，詢問：「什麼地方出了問題？」

　　高汀的意思是：你碰到的每件事之中，有哪一件能變得更好？高汀用他觀察到的事舉例：機場大排長龍的計程車、電影院不足的服務人手、上頭滿是彈孔的防範犯罪標語。許多例子都指出一件事：「我們周遭其實滿是足以解決問題的巨大潛力，只是看不見而已。」

　　主觀看法很重要。不必擔心你抱怨的事，要是別人碰上是否覺得無所謂。負面看法是**個人的事**。「如果我認為有問題，那就是有問題。」高汀主張：「你也一樣！」

　　所以說，你可以找一找今日最**醜**的建築物（或是車子、毛衣）、最糟的事、最有問題的事、爛到讓你抓狂的事。教你生氣、不舒服、惹惱你的事，不必被那些事打倒，你可以苦中作樂，獲取靈感。

　　惹毛你的事，也可能帶來開心的轉機。

比較回憶

👁 👁

藝術家亞曼達‧狄勒（Amanda Tiller）曾經表示：「我對記憶這個主題十分感興趣。我本身記憶力很好，只可惜記的都不是什麼有用的事。」

狄勒用一系列的作品探索這個主題，在不倚賴 Google 的前提下，按照時間順序記錄自己記得的事。〈電影海報〉（Movie Poster Prints）一開頭她先寫下腦中記得的電影情節，再把句子化為影像。〈祖譜圖〉（Genograms）系列則是用刺繡表現的流程圖，畫出影集《天才老爹》（The Cosby Show）或《黃金年代》（The Wonder Years）中她記得的所有人物關係。她驚人的作品〈我所知道的每一件事〉（Everything That I Know）正如標題所言，全憑記憶，用文字記錄下一系列的書冊。

「我透過自己的作品，」狄勒表示：「呈現我的知識，主要是我從記憶中提取的事物，接著邀請觀者『對照筆記』。對照筆記是關鍵。回想一下至少十年前的一趟旅程，最好有旅伴。花一小時，盡量回想起每一件事。」

不要翻閱照片或日記，只靠**回想**，尤其是試著想起吉光片羽——不要只回想雄偉的大教堂，而是想起你在飯店大廳驚鴻一瞥的年輕男子。專心回想起記憶中殘存什麼，不論表面看來有多不重要都沒關係。寫下你能想起的每一件事。

和旅伴討論你們分別想起的事，哪些對得起來，哪些對不起來——以及旅伴想起了哪些事。思考「當下的體驗」與「日後還記得的事」的差別。想一想這將如何影響你現在選擇記憶的事物。

寫一封信

👁

　　我發現我喜歡「書信」這種體裁，原因在於書信是一種對話——永遠有對話的空間。你可以在任何一個美好的早晨坐下來，開始和在或不在的人對話。想聊什麼都可以，不必遵守禮儀，不需要等對方講完他的思緒。兩段話之間可以有很長的間隔——你大可過幾天再回頭寫。此外，寫信和其他寫作體裁最大的不同點，在於很大一部分取決於寫信的對象。你不是在唱獨腳戲，而是在回應他人，或是相互唱和——中間隔了一段時間。我認為那是關鍵——隔著時間。

　　以上是劇作家山姆·謝普（Sam Shepard）寫給他「最親愛的朋友」強尼·達克（Johnny Dark）的信件，由 brainpickings.org 創始人瑪麗亞·波普娃（Maria Popova）引用（威利夫收藏館〔Wittliff Collections〕保存的謝普與達克的書信往來，部分收錄於二〇一三年出版的《探勘者》〔The Prospectors〕一書）。

　　波普娃大力提倡傳統書信這種體裁，甚至搬出十九世紀作家路易斯·卡洛爾（Lewis Carroll）的小冊子《關於寫信的八、九句箴言》（Eight or Nine Wise Words About Letter-Writing）。卡洛爾的某幾條原則在數位年代**更為實用**，例如：當你發現某件事很擾人，急著回應，那就把話擱個一天再回頭看，當成是寫給自己。

　　卡洛爾寫道，如果你要回覆某人「嚴厲批評」的信件，「那就擱著不要動，或是大幅**減輕**回應的力道。如果對方語氣和善，傾向『修補』你們之間小小的不和，你的回覆就要顯得**更加**友善。」卡洛爾另一個相關建議是「不要試著辯贏」。

寫 信 這 項 藝 術 的 力 量 之 所 以 如 此 強 大 ，

原 因 在 於 書 信

能 讓 收 件 人 進 入 寄 件 人 的 世 界 ，

讓 人 得 以 明 白 另 一 方 曾 經 有 過 的 感 受 。

—— 瑪 麗 亞 · 波 普 娃

不論是寫信給老友或目前的敵人，寫信時三思而後行**大有**好處。

寫信給久未聯絡的朋友。寫信給你準備和解的敵人。好好花時間、花心思做這件事。仔細想想你要說什麼，要有心理準備，可能要寫兩、三個版本，才能把話說對。

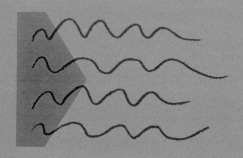

寫信給：

英雄

壞人

情人

父母

寫信給陌生人

◉ ◉

　　為憂鬱症所苦的漢娜・布蘭契（Hannah Brencher）大學畢業後不久，在書寫中覓得慰藉。布蘭契有一個不喜歡用電子郵件的母親，做女兒的她很喜歡媽媽的手寫信。「我做了當時唯一能想到的事。」布蘭契回顧那段難熬的日子：「母親寫給我什麼樣的信，我也寫同樣的信給陌生人，藏在城市的各角落。我寫了一封又一封，應該有十來封。我把它們放在每個地方，咖啡廳、圖書館、聯合國，無處不放。」

　　這個奇妙的計畫引發一陣小騷動。布蘭契用來記錄這件事的部落格大受歡迎。只要有人要求，布蘭契就寫一封信給對方。這個寫信活動最終化為一本書，還帶來新的計畫──「這個世界需要更多情書」（The World Needs More Love Letters, MoreLoveLetters.com）：希望收到信的請求，被轉交給願意寫信的人士，於是全國各地冒出大量的「情書堆」。

　　這個溫馨的概念藉由稍稍改造的寫信方式，就讓人以新鮮的方式展現對他人的關懷。在這個世界上生活行走，記得花點時間想一想你碰到的陌生人。你可以寫信給誰？你要說什麼？這裡指的「陌生人」包含你經常碰到、但不曾真正認識的人，例如，某位友善的收銀員、令人難忘的服務生、銀行保全。

　　是不是真的把信交到對方手中，不是很重要（不過當我回想起我在過去住處碰到的某些陌生人，還真希望當時留了告別信給他們），但實際動手寫下來很重要。

　　線上雜誌《錐子》（The Awl）先前不定期刊登有趣的「本週陌生人」（Stranger of the Week）系列，內容是寫信給某個（八成）永

遠不會看到信的對象，欣賞這個萍水相逢的陌生人留下的印象，並猜想他的背景。

地鐵裡，某個陌生人拖著一只沉重箱子，上頭寫著「凱瑞的回憶」（Kerri's Memories），引發一連串詩意的猜想——箱子裡裝些什麼？可道出什麼故事？人行道上遇到的拿花男子，則是引發內心的同性聊天狂想曲。

留意可能在無意間帶來靈感的陌生人。

和陌生人聊天

是在可預期的日常生活敘事中，

加進出乎意料的插曲，轉換觀點。

—— 作家綺歐·史塔克

在中間點和朋友碰面

◉ ◉ ◉

藝術家克里斯多福・羅賓斯（Christopher Robbins）自稱是**自身干預者**（auto interventionist），意思是「介入自己的人生」。羅賓斯和同是藝術家的道格拉斯・保森（Douglas Paulson）第一次見面的方式是個很好的例子。羅賓斯寫信給保森，希望兩人能夠合作。當時羅賓斯住在丹麥哥本哈根，保森則遠在塞爾維亞。保森客氣地建議，兩人把會面地點定在「中間點」。

羅賓斯日後解釋：「我當時很故意。我說：『噢，是嗎？中間點嗎？』接著查了 Google Earth，告訴保森：『某某地方剛剛好是「中間點」，你是指那裡嗎？』保森無奈地表示：『對，沒錯，我就是那個意思。』」

於是兩個人約在捷克的一座湖邊見面——地理上，那是兩人居住地的中間點。

羅賓斯和保森日後把這次的經驗，用在 PBS 數位工作室頻道《藝術任務》系列的第一集。羅賓斯和保森出的任務，首先是「挑一位朋友，計算你們兩人居住地的確實中間點」。這可以利用 www.geomidpoint.com 等網站找出來。當然，紙本地圖也能幫上忙。挑好地點之後，決定見面的日期與時間。

這種在中間點見面的作法，有個著名的藝術家已經實驗過。一九八八年，阿布拉莫維奇與屋雷（Ulay）兩位藝術家決定結束愛情與事業上的合作，兩人的分手儀式是從中國長城的兩端出發，最後在中間點訣別。

一九九九年，法蘭西斯・亞利斯（Francis Alÿs）和合作對象分別

抵達威尼斯。兩人隨身攜帶半支低音號四處遊歷，等終於見到面，便將低音號組裝起來，吹出一個音符。

此類計畫讓當事人不得不以特定的方式處理實體環境，讓隨意的地點有了意義。如同《藝術任務》主持人莎拉·烏里斯特·格林（Sarah Urist Green）所言，這件事也與個人的人際關係有關：「**你信任誰，信任到願意讓他拿著另一半的低音號？**」

掌握那個概念後，你可以採取五花八門的方式加以應用。眾人大老遠從各地趕來聚會令人興奮，但也可以利用中間點的方法，和地方上的朋友決定午餐地點。或許兩人的中間點附近，剛好有你不曾聽過的餐廳，更棒的是，有可能是某個不熟悉的公共空間。

保森和羅賓斯第一次見面時，一個人負責帶食物，另一人帶飲料。你們可以兩人都選擇步行抵達目的地，接著分享一路上各自拍下的照片。固定的中午聚餐成了一場特殊的旅程。那就是自我干預（self-intervention）的核心精神。

描述夜空

👁 👁 👁

　　一般人很少對夜空瞭若指掌。學者琴恩·崔西（Gene Tracy）在《萬古》（*Aeon*）雜誌的一篇文章，談到我們對天上星辰的認識，文中分享一則溫馨的軼事。有個男人的習慣是，如果在晚間抵達某地，他會打電話告訴妻子自己在哪裡——接著描述星星的位置。「太太則抬頭掃過她的那片天空，」崔西寫道：「先生用那個方法和太太產生連結，兩人透過遠方星辰的實用資訊，在這個世上找到彼此。」

　　身處城鎮或國家不同地點的人可以採用這個作法。你得仔細仰望，耐住性子，精確描述並聆聽天上的星星。然而，不論你們兩人距離有多遙遠，夜空將把你們連結在一起。

散散步，聊聊天

◉　◉

　　作家兼企業家莎拉・凱瑟琳・佩克（Sarah Kathleen Peck）建議：「與其喝咖啡或吃午餐，不如提出散步邀約。」佩克替這個想法想出一整套流程。她的散步見面法至少需要兩個半小時才能完成，頭三十分鐘用於集合與介紹，讓大家進入情況。接下來，散步一個半小時。

　　佩克在她的網站 sarahkpeck.com 寫道：「仔細留意對話與散步的自然韻律：人們一般走了二十分鐘會暫停一下，對話也一樣。讓這件事自然發生。」人數多的團體一般會散開來，不同人以不同的步調移動。如果路線很複雜，那就提供地圖；如果不複雜，那就說好終點在哪裡。「我的十二人散步團，一般會兩人一組談天說地，也可能三、四個人一組。讓這群人在時空的開展中散開，再聚攏。」

　　佩克通常會在最後的半小時「重新集合」，替散步之旅收尾，例如要大家回顧、發問，或是兩者皆有。佩克建議一個月舉辦一次散步聊天之旅；同時蒐集大家的意見，調整作法。主題可以明顯與環境有關（噪音、景觀、身體感受），也可以事先決定好主題，或是完全不要定題目。就算一次也好，和一位朋友來一場散步之旅。這種邀約的誘人程度，將超過一般的「喝咖啡聊是非」或喝酒打屁──用新鮮的方式結合對話與移動。

構思集體傳記

　　艾美・克蘿思・羅森朵在《艾美・克蘿思・羅森朵教科書》（*Textbook Amy Krouse Rosenthal*）中，提到她和藝術家倫卡・克萊頓（Lenka Clayton）合作想出的「極短篇集體傳記實驗」（The Short, Collective Biography Experiment）。

　　首先，召集一群人，一起吃個晚餐什麼的。這群人彼此間是什麼關係，不是很重要——看是朋友、同事、熟人，或以上皆是。克蘿思・羅森朵寫道：「在對話中，想辦法找出這群人共通的自傳敘事，也就是對每個人都一樣的情況。」問大家：我們都來自美國嗎？我們都喜歡法蘭絨嗎？這可能需要花上三十分鐘或好幾小時。「你自然會知道什麼時候問得差不多了。」

　　討論完之後，「整理你們找到的事蹟，稱之為你們的『極短篇集體傳記』。」

　　我認為這是相互認識的好方法，不管對象是你熟悉或不熟悉的人。這樣的活動值得引發風潮。

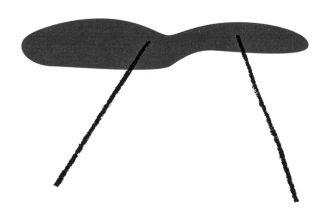

靜靜走在一起

👁 👁 👁

　　觸手可及設計公司的創始人富比士寫道:「我一個朋友帶團到大自然中散步,為時一小時。」這個團有一個關鍵:不能說話。「只有在健行的尾聲,才能討論自己體驗到的事。背後的邏輯是,在寂靜之中,你的感官會接手,我們聞、看、聽的能力都會增強。這個練習可以讓你留意當下的周遭環境。」

　　觀照的任務悄悄被塞回每個人手中。你不能等導遊點出重要的細節,也無法靠同伴提醒路旁的有趣事物。此外,你也不會想在出遊後進行討論時,當那個一路上錯過所有精彩事物的人。事實是,你會想當那個找出特別景象的人。

　　這聽起來著實是一場競爭。你可能會覺得這完全沒必要。為什麼要讓散步變調?不過,這樣的競賽也可以樂趣十足,或許增加一些趣味的競賽元素,譬如在散步結束後的討論會上,請觀察冠軍喝一杯免費飲料?

5 獨處

我們不曾真的把注意力放在一件事情上，

因而犧牲了關注的品質。當我們懂得觀照時，

那樣的分心有一部分就會消失，

彷彿是自願的一樣。

—— 作家瑪莉亞‧柯妮可娃（Maria Konnikova）

一次做一件事

　　我在德州鄉間長大，最、最、最討厭做的家務，就是幫沒幾棵大樹的空地除草——夏季尤其恐怖。我恨死除草了，發誓以後要過沒有草坪的人生。今日的我最慶幸的事就是家裡不需要有除草機。

　　由於我對於除草這件事是如此深惡痛絕，當我讀到部落客柯特克透露的小祕密時，實在感到不可思議。柯特克宣稱：「讓所有的綠茵變成相同高度，用新整理出來的同心矩形，包住尚未修剪的草皮區域」，不僅讓他「樂到暈頭轉向」，「同時心中也寧靜起來。」此外，他還大大稱讚把買好的菜裝進袋子，也是很開心的一件事：「把所有各式各樣的商品——形狀、大小、重量、容易壓壞的程度、冷熱不一的東西，飛速用最少的袋子裝起來……讓人很享受。我覺得有點像在玩俄羅斯方塊。」

　　這聽起來令人匪夷所思，但其實就是「**單工作業**」（unitasking

或 monotasking）的概念——刻意一次只做一件事，好對抗排山倒海而來的多工作業。或者像某位作家所言：「單工作業是二十一世紀的專有名詞，但其實就是高中英文老師嘮叨的『專心一點』。」

單工作業的例子也包括專心談話或閱讀一本小說。然而，這個概念用在本身毫無吸引力的事物時，最令人感到神奇。

一邊摺衣服，一邊看 Netflix，沒什麼不對。一邊刷流理台，一邊聽播客，也沒什麼不對。然而，遊戲設計師與哲學家博格斯特（前文提過，他把逛大賣場變成一場遊戲）提出令人信服的理由，主張應該全心全意從事打掃或摺衣服這類生活瑣事，不要靠娛樂讓自己分心。博格斯特特別舉的例子是……替草坪除草。

「我喜歡除草這個例子，因為沒人會憑直覺說除草是好玩的體驗。」博格斯特告訴訪談人：「但是除草的時候，你會發現以前沒見過的事……就像是，**你愈沉溺在熟悉的事物中，樂趣就愈多**。新鮮度減少反而能增加滿足感。」

從博格斯特的思維來看，這裡的重點在於體認到你可能發現的事物並非來自你，而是來自願意敞開胸懷面對你以單工的方式做的任何事。「你不需要自己想出意義，」博格斯特說明：「這個世界會讓意義顯現。一旦你踏上那條路，願意在洗衣服與洗碗中找出樂趣，你就能訓練好自己，幾乎萬事萬物都能找到樂趣。」

所以開始幫草坪除草吧。

在公共空間獨處

👁 👁 👁

對有些人來講，一個人吃飯的概念，就像一九八四年的喜劇電影《紐約單身客》（*The Lonely Guy*）中的場景。史提夫・馬丁（Steve Martin）飾演的角色要求餐廳給他一人桌。一盞巨大的照明燈打下去，現場的客人瞬間鴉雀無聲，默默看著馬丁一路穿越擁擠的餐廳，抵達他的單人座。

教育人士安德魯・瑞納（Andrew Reiner）在《紐約時報》刊出的文章提到，他給學生出了一份特別嚴格的作業，要求他們克服恐懼：「在擁擠的大學飯廳吃飯，不能帶學校作業、筆電、智慧型手機，也不能帶朋友。」試圖這麼做，大有好處。

瑞納的教學主題是親密關係、連結與脆弱——在社群網路的年代是特別重要的主題。許多學生覺得這份作業很恐怖，所有人都在看他們、評論他們。

我們會不自覺地害怕孤單以及被批評，然而一項值得注意的研究挑戰這種心理。研究人員攔下大學生，請他們參觀一下藝廊，有的獨自前往，有的結伴同行。受試者必須事先預測自己會多喜歡這場體驗，結果個人組遠遠較悲觀。

個人組其實不必悲觀。《紐約》（*New York*）雜誌旗下「我們的科學」（Science of Us）網站發表的一篇文章指出：「個人組與團體組事後給這場體驗打的分數，不存在顯著的差異。」研究人員發現：「每個人感受到的樂趣是一樣的。」

花時間獨處不是懲罰，而是機會——可以自由自在，不必管任何人的期待，也不會被你的智慧型手機綁住。

窮盡一個地方

◉ ◉ ◉ ◉

　　法國作家喬治·佩雷克（Georges Perec）在他最出名的一九七八年小說《生活，使用者手冊》（*Life, A User's Manual*），提出**「平凡之下」**（*infra-ordinary*）一詞。這是一個反義詞，用以對比主導我們心靈生活的「非凡」事件、物品與交流。

　　佩雷克對於「平凡之下」的執著，有的屬於意識形態──用來批評當年的媒體。佩雷克曾在一九七三年寫道：「我們聽到的似乎永遠是大事件、大災禍、大到不尋常的事：頭版的吸睛報導、斗大的標題。」佩雷克要是活到今日，見到二十一世紀隨時隨地播報的「新聞」，真不曉得他會怎麼說。

　　「每天的報紙什麼都報，就是不報每天發生的事。」佩雷克埋怨：「真的發生的事、我們正在經歷的事、其他的事、其他所有的事，那些事件的報導在哪裡？」佩雷克問了一個深層的問題：其他每一件事呢？

　　佩雷克試著賦予「平凡之下」應有的重視，他最大膽的嘗試是一九七五年出版的一本可愛小書：《巴黎全面啟動》（*An Attempt at Exhausting a Place in Paris*）。佩雷克為了寫那本書，在巴黎某個廣場待上將近三天──不觀賞雄偉的建築，而是留心每樣進入視野的東西。佩雷克列舉的事物成為日常生活的詩篇──一輛郵車、牽狗的孩子、看報的女人、毛衣上標著一個大「A」的男人。

　　我最常在我最不喜歡的場所──機場，想起佩雷克的作品。如果我卡在冗長的安檢隊伍中，我會試著想起佩雷克，在心中細數身旁的細節與荒謬事物（譬如，我不再忽視身上 T 恤寫著「老派」的傢伙，

而是仔細思考這件事）。這種作法幫助我打發時間。

　　留心會增強一個人的關注力。我希望勤於觀察的聰明人能試著模仿佩雷克，只不過地點是現代機場。由於班機延誤的關係，我在亞特蘭大候機過無數個小時，想不出有什麼文學實驗會比「哈茨菲爾德－傑克遜國際機場」（Hartsfield-Jackson International Airport，譯註：亞特蘭大的機場，全球轉乘量最大、最繁忙的機場）全面啓動更加大膽。

替日常片段配旁白

👁 👁 👁

電影製作人約翰·史密斯（John Smith）一九七六年的黑白短片《嚼口香糖的女孩》（*The Girl Chewing Gum*），拍攝倫敦哈克尼（Hackney）某間戲院附近不是特別有趣的一角。一輛拖車占據了主要畫面，旁白命令：「拖車緩緩向左移動，然後讓那個小女孩跑過去──就是現在。」

拖車緩緩駛向左側，小女孩飛奔而過。在聽起來很真實的環境噪音中，旁白繼續發號施令：「好了，現在我要那個戴眼鏡的白髮老人穿越馬路。快呀，快點！」「把菸放進你嘴裡，很好。」畫面上，人們來來去去，看上去像是按照旁白的指揮做動作。

我大約花了三十秒才發現，旁白其實是畫面拍攝完畢才加上去，讓你誤以為實際上完全隨機的動作是遵照導演指令的結果。旁白最後緩緩進入超現實，解釋某幾位行人在做什麼，描述他們心中的想法。說話者開始描述幾哩外的空地，宣稱自己站在那裡；最後不再說話，鏡頭切換至一片原野。

《嚼口香糖的女孩》是天才之作，對於影片作為媒介的人為操弄手法，進行顛覆性批判。YouTube 上甚至找得到致敬之作，其他人也替日常畫面加上設計過的旁白。

此外，《嚼口香糖的女孩》也展現令人讚嘆的細膩觀察。史密斯仔細研究過畫面，小心分析動作與行為的迷你細節，才有辦法事後加上那些「指令」。最明顯的例子（劇透警告！）是史密斯要「嚼口香糖的女孩」出場。一名年輕女子大搖大擺走過，眼睛瞄向鏡頭的方向，嘴巴看起來像是接到指示要用最誇張的方式大力咀嚼。她演得實在太

我們該如何思考、質疑、描述日常發生的事物，

以及每天循環發生的事件：

包括平凡、日常、明顯、

共通、平常、「平凡之下」的事物，

還有背景噪音、習以為常的事？

—— 喬治·佩雷克

用力了，觀眾很難不笑出聲。

　　想像一下，如果佩雷克當年記錄巴黎廣場的日常活動時，用的是攝影機，而不是筆記本。兩人的動機其實很類似，只不過史密斯主要是藉由讓我嘆為觀止的細微觀察，選擇性地呈現他的詩意。

　　你可以用智慧型手機錄下公共空間幾分鐘的活動，仔細檢視，自己設計旁白，命令進入畫面中的人要做哪些動作，指示鏡頭該如何移動；請留意，你在錄製畫面的當下錯過的細節，將在反覆觀看影片後開始浮現。

必也正名乎

👁 👁

「現在我看過很多**凹陷路**（holloway），知道那是什麼了。」作家與播客節目《腹足綱》（*Gastropod*）的共同主持人妮可拉·特薇里（Nicola Twilley）表示：「還有，我現在見過許多**樹冠羞避**（crown shyness），知道那種現象為什麼這樣稱呼。」

我得查字典，才知道特薇里到底在講什麼。「凹陷路」指的是比行經地帶的地勢低窪許多的一段路。「樹冠羞避」則是指某些樹種的成樹會避免彼此相接，留下樹冠間的明顯空隙。

特薇里的重點就在此：一旦得知某樣東西的名字，突然間你會更容易看見那樣東西。科學自然作家費里斯·賈布爾（Ferris Jabr）曾經表示：「生物的名字不只是身分識別而已，還是密碼。」你得先知道剛才看到的那隻棕色小鳥叫什麼名字，要不然很難進一步研究或多瞭解一點——然而，一旦知道那是「家麻雀」（house sparrow），就能找出很多資料。

一開始，先留意你認識的專業人士拋出的陌生詞彙：我還記得自己就是靠這個方法，認識了「bollard」（繫船柱）、「plinth」（柱基）、「desire path」（字面意思是「欲望小徑」，引申義是「被踩出的捷徑」）這幾個詞彙（認識之後，就會發現這些東西無處不在）。不要因為不認識那些字，聽過就算了；去弄明白，盡量瞭解。

你也可以問朋友或同事簡單的問題。舉例來說，如果你認識大自然專家，可以刻意詢問植物的相關知識——從花朵到野草，任何引發你興趣的東西都可以。請建築師解說房子或建築物某些結構的名稱。人們喜歡分享這一類知識。你表現出愈感興趣的樣子，他們就講解得

愈深入。多問十萬個爲什麼。

你也可以把順序顛倒過來，例如，先上網或買書瞭解建築詞彙，再想辦法在眞實世界中找出實物——一週挑一個來找。最後，記得留意**八成**有名字、但你不曉得怎麼稱呼的事物，挑戰自己找出答案。

清點一下

👁

　　倫敦設計師與研究人員寶拉・祖科提（Paula Zuccotti）在二〇一五年出版的《我們碰觸的每一樣東西》（*Everything We Touch*）提到，她請年齡與職業各異的多國受試者記錄在二十四小時內碰觸到的每一樣東西。接下來，祖科提拍攝每個人的物品大全。《衛報》（*The Guardian*）事後報導：「那些物品訴說了關於拿起它們的人相當私密的故事。」

　　《我們碰觸的每一樣東西》基本上是一系列的清單。清點一下——任何東西都行，可以讓你輕鬆專注於你習慣性忽略的東西。

　　假如你被困在等候室，無聊得要命，與其想也不想就開始滑臉書，不如盤點一下身邊的事物，留意周遭的每樣東西，判斷那樣東西為什麼會在那裡。

　　這個簡單的流程其實是許多大大小小創作的起點。藝術家與教育家凱特・賓革曼－伯特（Kate Bingaman-Burt）要學生列出個人物品清單並畫出來：他們攜帶的每件物品，或是想扔掉的每樣東西。

　　先利用以上盤點物品的點子，接著想出自己的點子。清點可以呈現出一個空間的特性，也能透露你是怎樣的人。

列出你沒買的東西

◉ ◉

想像有一間博物館，裡頭擺放著所有你曾經想買、但沒真的出手的東西。那會顯現你的哪一面？所有你曾經渴望，即便是一瞬間，但不曾擁有的事物，你能從中得知什麼？

設計師兼企業家蒂娜‧羅斯‧艾森柏格（Tina Roth Eisenberg）主持廣受歡迎的 swissmiss 部落格，她曾經和追蹤者分享一張清單照片，內容是「我沒買下的東西」（Things I Didn't Buy），其中包括 Amazon Echo 智慧音箱等高階產品，但也有較日常的消費性產品，如花式拿鐵。根據她的計算，她曾在十三個不同的場合忍住**沒**買咖啡。

艾森柏格提到整理達人近藤麻理惠帶來的影響——甚至建議要防患未然，避免堆積物品。我猜這種大概可稱為「預先防亂」的作法，自有其吸引力：把扔掉雜物的概念，提升到乾脆不要擁有，徹底執行防亂的概念。

艾森柏格想出可供探索的有趣領域。「在刺激與反應之間有一個空間。」奧地利心理學家與精神學家維克多‧弗蘭克（Viktor Frankl）寫道：「在那個空間，存在著我們選擇自身反應的能力。」

那個空間裡有什麼？哪些東西可以歸類到我們曾經動念、但只是有一段時間想要，最後不曾真正擁有的東西？

列出非物質的清單

👁 👁 👁

　　藝術家兼插畫家布萊恩・瑞（Brian Rea）在事業早期就列出自己擔心的事情，接著也開始詢問**其他人**都擔心些什麼。後來，他受邀替巴塞隆納的聯合展創作壁畫。

　　如同設計師兼作家黛比・米爾蒙（Debbie Millman）日後所形容，瑞依據「〔他〕和其他人擔心的清單」，創作出「一面巨大的手寫恐懼壁畫」。

　　瑞後來回想，這面寬長三十英尺（九公尺）、高十五英尺（四・五公尺）的巨大資訊圖表，如同拍下當時政治氛圍的快照，可以瞭解他自身的擔憂如何跟其他人連結。

　　自此之後，瑞繼續列出不尋常的清單：晚宴上值得紀念的時刻、在洛杉磯看見的名人、他住斯德哥爾摩時造訪的酒吧。這樣的清單等同於清點與個人特質相關的非物質事物。

　　這份清單是非正式的原創時空膠囊。

　　列出你自己的清單。

列出詳細到瘋狂的清單

👁 👁 👁 👁

　　我長期對所謂的量化生活運動（quantified-self movement）深感著迷，但也抱持一絲懷疑的態度。

　　量化生活的概念，一般是指用科技追蹤並「量化」自己的生活（從一個人走了多少路、吃了哪些東西，一直到一天之中所有的迷你行為），分析得出的數據，理論上是為了改善自己。

　　或許，這感覺起來就像是機器人／一板一眼的生活方式。也許真的是這樣。

　　即便如此，我對於有些人覺得這麼做代表生產力十足，也能獲得滿足感很感興趣，偶爾還會追蹤量化生活的新聞，因此我發現了邁特·曼哈頓（Matt Manhattan）這號人物。

　　曼哈頓熱中於量化生活。依據 quantifiedself.com 的說法，他「清點自己擁有的每一樣東西：襯衫、冰淇淋盒子、紙巾，什麼都數」。為什麼要這麼做？嗯，這麼做「改變了他對自己擁有的東西的思考方式，連帶省下一大筆錢」。曼哈頓表示，自己成為更深思熟慮的消費者，因為他有辦法發現並「反省」他人沒留意到的原始細節。

　　曼哈頓的流程包括用 Excel 表格列出自己擁有的每一件衣物，以及那件衣物的價格、購買日期、品牌、顏色等相關資料。曼哈頓因此得出各式一目了然的圖表，一看就知道自己擁有十一件 T 恤，每件平均價格是二一·九五美元。圓餅圖顯示出他的衣櫥色彩不如想像中的豐富。驚人的是，曼哈頓還**拍下**自己擁有的每一件衣物的照片（美美地襯著統一的白色背景），累積了大量的衣櫥一覽部落格文章。

　　從務實的層面來看，曼哈頓做的事情十分荒謬。然而，就**荒謬**的

練習而言，這件事太妙了。

　　所以試試看吧。挑選某個類別，如衣服、廚房用品、臥室裡的每樣東西，任何事都可以，仔細清點一下。

　　記錄你的心得。依據這些心得，判斷自己是否該改變某些行為。追蹤你是否真的有所改變，還是置之不理。

清點一下：

你碰觸的東西

聲音

你沒買的東西

你擔心的事

值得紀念的時刻

你擁有的一切事物

問「那樣東西為什麼會那樣？」

　　作家保羅・盧卡斯（Paul Lukas）樂於發現人造世界中沒人注意的有趣細節，而且他十分擅長這個他所謂的「不顯著消費」（inconspicuous consumption）活動。他告訴我，質疑就在眼前的東西是很有用的一件事。不必想太多，問一個基本問題就好：那樣東西為什麼會那樣？

　　他解釋：「我們通常習以為常，覺得物質世界不知怎麼就在那裡了，尤其是人造的環境。」事實上，從摩天大樓到摩天大樓的辦公室門把，每樣東西都有自己的背景故事。

　　我想相較於大自然，我們**更**是把許多人為事物視為理所當然。想一想「停」（STOP）這個和雲朵一般常見的交通號誌。你抬頭看雲的時候，大概知道或至少有預感，那些雲的形狀、密度、由白到暗的

> 我們因為習慣看到某些東西的樣貌，
>
> 就覺得它們理所當然就是那個樣子……
>
> 一旦你開始追問背後的故事，
>
> 你會開始注意到更多東西，
>
> 每樣東西都有自己的故事。
>
> ── 保羅・盧卡斯

確切顏色，背後都有某種科學解釋。你可能不知道究竟每朵雲為什麼會那樣，甚至不在乎──但你知道那是某件事作用過後的結果，也知道自己**可以**去瞭解箇中細節。

奇怪的是，「停」這個交通號誌的八邊形形狀，似乎令人覺得**本來就是那樣**；比起那個八邊形，我們更可能好奇或至少猜測雲朵為什麼變成那個形狀。

然而，「停」這個號誌當然有背景故事。你知道嗎，其實道路標誌的設計是利用有多少個「邊」，提醒駕駛要注意的危險程度？你曉得嗎，「停」有八個邊，因此代表的危險程度是第二高？（用於標示平交道的圓形號誌，相當於有無窮個邊，代表最高等級的危險度。）

找出你一輩子都視為理所當然的一樣東西，問一問那樣東西是如何演變成今日的模樣，**找出背後的故事**，明天再追查另一樣東西。

閱讀標籤

標籤都有故事，比如我們在 T 恤成衣領口內側找到的標籤。標籤透露的基本資訊包含材質成分（例如含百分之多少的棉），以及那樣東西是在「某某地區製造」。我們很少會去留意相關訊息。

加拿大公平交易網（Canadian Fair Trade Network）呼籲，我們應該更加留意我們購買的商品的源頭與製造方式。這個組織為了凸顯這麼做的理由，刊登過引發民眾思考的廣告，藉著無害的衣物標籤說出無情的故事。一系列的影像呈現縫著詳細標籤的衣物——有的標籤長度超過一英尺（三十公分），塞滿密密麻麻的字，譬如以下這個例子：

百分之百純棉，製作人是柬埔寨九歲的班里。他每天早上五點起床，出發到工作的衣服工廠。他抵達工作地點時，天還是黑的。他離開工廠時，天也是黑的。他穿著輕薄的衣服，因為工作地點室內溫度

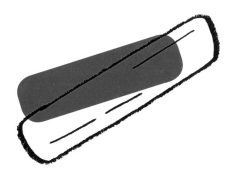

達三十度，粉塵塞住他的口鼻。他在慢慢窒息的環境中工作一天，賺不到一美元，一個口罩則會花公司十美分的成本。標籤沒有說出全部的故事。

班里的故事大概同時混合了數個常見的工作條件，但依舊讓人於心不忍，也讓我們以不同的方式理解衣物的標籤。

當然，我們不可能真的知道一件衣物的故事。當然，也不是柬埔寨（或任何地方）生產的每樣產品都不人道。然而，下一次你翻找服飾店的展示架或自己的衣櫥時，讀一讀標籤。

仔細研究標籤提供的任何資訊。

想一想你**沒**得到哪些資訊，思考為什麼標籤不提供那些資訊──以及你錯過的故事。

製作個人地圖

「你在哪」（Where You Are）這個計畫的主辦單位，邀請十六位作家與藝術家製作地圖——相當不一樣的地圖。

攝影師兼作家韋瑞麗亞・路易瑟里（Valeria Luiselli）的作品〈哈林區鞦韆〉（Swings of Harlem），記錄特定地理區域內的某一種遊樂場器材。

以原創的地圖學思維出名的丹尼士・伍德（Denis Wood），用手繪地圖來書寫回憶錄（標題是「送報路線帝國」〔The Paper Route Empire〕），捕捉自己在克里夫蘭的童年回憶。

小說家亞當・希拉威爾（Adam Thirlwell）繪製「我差點造訪、但不曾去過的地方」。作家暨藝術家黎安・夏普頓（Leanne Shapton）畫下「桌上風景」，描繪桌上物品在不同時刻的樣子。

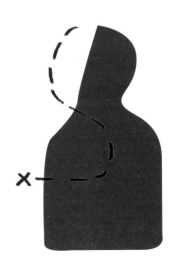

相關計畫引人入勝的原因，在於描繪出藝術家的**個人**地圖。製作相關文件需要創意與仔細的**觀察**。

所以說，想一想你知道或想要知道的各種區域，利用紙筆、智慧型手機的相機，或是你喜歡的媒介，繪製你專屬的個人地圖。

- 標出家中狗兒最感興趣的點。
- 標出你的通勤路線中最無聊的地點。
- 標出住家附近的聲音。
- 標出辦公室裡的材質。
- 標出你最喜歡的鎮上美味。
- 標出附近雜貨店的貨架上有哪些貨品缺貨。

依此類推。

記錄每週清單

◉ ◉

　　艾美・西斯金德（Amy Siskind）是留意政治氣候的左派行動主義者，她在 Medium.com 網站，刊登標題一律是〈威權主義專家建議記錄周遭悄悄改變的事物，這樣你才會記得〉（Experts in authoritarianism advise to keep a list of things subtly changing around you, so you'll remember）的系列文章。《華盛頓郵報》（*The Washington Post*）媒體專欄作家瑪格麗特・沙利文（Margaret Sullivan）報導，西斯金德還特別成立 theweeklylist.org 網站，記錄「她所見到、被視爲理所當然的美國政府常態性作法是如何改變」。

　　你可能支持西斯金德的政治觀點，或者你抱持敵對的態度。先把你的立場擺一邊，因爲你需要用心觀察，才有辦法列出每週「身旁悄悄改變的事物」。你可以用這個方法來追蹤街區、城鎮、一段關係，或是你的個人生活。

　　來自威斯康辛的藝術家兼紀錄片製作人費絲・萊文（Faythe Levine）建議大家「持續列出」在任何時刻引發興趣的人事時地物。她建議：「每當你需要靈感或素材，可以不時回到你列出的清單。」

　　西斯金德開始記錄不到一年，就告訴訪問者，「瞭解我們已經開始習慣的東西」實在發人深省（嗯，她眞正的用語是**嚇人**）。

　　大部分的改變是逐漸發生的，不過你的街區、辦公室、愛情生活，本週一定有**某件事**改變了。是什麼變了？

　　記錄改變，回顧你發現的事，留意**趨勢**。注意你已經忘掉的事，也關切你習以爲常的事。

享受宿醉

👁 👁 👁

　　喝太多酒不是個好主意，我在這裡可沒建議各位那麼做。不過，有些人照喝不誤，理由或許是爲了體驗酒精對感官造成的奇妙影響──有的感官會被增強，有的則被抑制。別人想怎麼做，我管不著，不過這裡還是要提一下我朋友喬許・葛蘭（Josh Glenn）令人想不到的建議：葛蘭主張早晨來臨時，不要試著壓下宿醉，因爲宿醉不是問題，而是個機會。

　　「所以說宿醉好在哪？」葛蘭寫道：「宿醉的人對一般不會去注意的景象、聲音（每件事感覺都**太吵了！**）、味道、氣味、質地異常敏感。那是好事，不是壞事。舉例來說，宿醉的眼睛不會被我們的日常偏見蒙蔽，也不會被喝醉時的幻覺欺騙，因而被看似平凡的事物強烈吸引。那些東西會呈現不可思議、異常清楚的重要性：任何經歷過宿醉『凝視』的人，都會知道我到底在說什麼。」

　　葛蘭把宿醉狀態比喻爲涅槃或恩典。

　　你可能會、也可能不會認真看待葛蘭這方面的想法──我也絕對不建議只爲了進入宿醉狀態，就瘋狂灌酒。不過，一旦進入意識產生變化的狀態，你應該盡全力體驗，而不是想辦法脫離。接納那種狀態，「當成某種從非凡回歸平凡的形式，那是一種知覺的『中間狀態』，讓人在一段短暫時間內，以不尋常的方式看待尋常。」

　　此外，如果你判斷你不喜歡這種不尋常的作法，或許下次開喝時，應該記住這件事。

你早上醒來時，大概感到不太舒服，

你的心中充滿「野草」……然而，

如果你能停止對抗那些野草，

野草也能滋養你的修行。

—— 鈴木俊隆

沖個正念的澡

👁

　　作家莉比‧寇貝蘭（Libby Copeland）以前覺得沖澡「很可怕」。為什麼？因為她必須和自己的思緒獨處。她想要分散注意力，於是嘗試了「正念沖澡」。別笑。寇貝蘭介紹一個輕鬆就能留意當下的方法：「不管是熱水剛沖下時起的雞皮疙瘩，或是沒那麼急迫、但一直出現的念頭，**我試著一次只注意一件事**。」她在《史密森尼》（*The Smithsonian*）雜誌寫道：「那些念頭要求我注意它們，但它們幾乎永遠是無法解開的謎。」

　　突然間，日常的沖澡有可能充滿詩意。那種必須長時間坐著不動、只能想著呼吸的正念與冥想練習令人卻步，沖澡卻是日常活動。

　　下一次你沖澡獨處時，試著專注於一件事情上。

研究一塊石頭

👁 👁

　　正念的概念有時令人感到困惑——這個詞彙似乎模糊到要怎麼定義都可以，但其實不必想得那麼嚇人，就連孩子也做得到。

　　事實上，《紐約時報》曾就「孩子的正念」這個主題，提供詳細的互動式教學，把正念定義為「一種簡單的技巧，強調以接受、不評斷的方式關注當下」。

　　在其中一項練習，由正念導師作家安娜卡・哈里斯（Annaka Harris）錄下語音指導，為時五分鐘，道具是一塊小石子或石頭。哈里斯撫慰人心的聲音娓娓道來：「我們以超近距離看著某樣東西。留心這種感受，留意在當下這個時刻，我們現在看到的所有細節。」

　　（這個練習聽起來或許讓你感到可笑，但是先不要抗議「我不是小孩子」，至少思考一下背後的精神。）

　　哈里斯繼續指示：盤腿坐在地上，把你的「專注石頭」擺在面前。手擺在膝蓋上，身體坐正，但保持輕鬆。感受你放在地板上的腳和腿，感受你碰觸到腿的雙手。閉上眼睛，專注於呼吸半分鐘左右。

　　哈里斯說：「當下這一刻先前不曾發生過。」每一次的呼吸都與上一次不同。每一個時刻都是全新的時刻。花個幾秒鐘思考這個道理，再次呼吸。

　　現在睜開眼睛，端詳你的專注石頭。「那塊石頭是什麼樣子？」哈里斯問：「你看見斑點或線條嗎？」留意形狀、輪廓、顏色（可能是彩色）。以非常仔細的方式看，留意新的細節。看的時候，你留意到的東西甚至可能產生變化。至少看一分鐘。放鬆身體，繼續保持安靜，接著再看三十秒。

哈里斯最後說：「你大概不曾這麼仔細地看著一塊石頭，對吧？」呼吸，伸展一下。找個時間再試一遍，這次改成觀察一片葉子、一枚貝殼，或是換一塊石頭。甚至用相同的石頭也可以。

只要觀察的時間夠長，

萬事萬物都會變得很有趣。

—— 法國文學家福樓拜（Gustave Flaubert）

用石頭做移情練習

👁 👁 👁 👁

　　依據文化評論家波普娃的說法，移情說（empathy）的概念「源自於凝視藝術作品」。她引用畫家馬克・羅斯科（Mark Rothko）的描述。畫家聲稱一位曾被他的某幅畫作感動的人士，體驗到他在創作那幅作品時的情緒。

　　波普娃寫道：然而，藝術與科學異花授粉時，移情「被引進⋯⋯大眾文化」。心理學在這方面扮演了主導的角色。波普娃在個人網站 BrainPickings.org 上的一篇文章，特別提到哲學家西奧多・李蒲斯（Theodor Lipps）的見解。李蒲斯對於藝術產生的影響特別感興趣。波普娃繼續寫道，「李蒲斯提出的移情說，主要與他對於『洞見』（德

文 einsehen；英文 inseeing）的看法有關」，也就是「一種有意識的
觀察」。波普娃為了進一步定義這個詞彙，引用了作家瑞秋・科比特
（Rachel Corbett）的《你必須改變你的人生》（*You Must Change Your
Life*）：

　　舉例來說，如果面對一塊石頭時，你應該深深凝視進石頭開始浮
現的地方。接下來，觀察者應該繼續看，直到自己的重心開始跟著內
心形成的石頭帶來的石子重量下沉。這樣的感知發生在身體內部，觀
察者必須同時看與被看。以移情的方式觀察時，一個人不只用眼睛
看，也感同身受。

　　換句話說，在心中描述並記下一塊石頭的特性，加以分門別類，
那是一回事。以移情的方式看一塊石頭、藝術作品或任一件物品，則
是完全不一樣的過程。
　　請練習採用移情的方式。

訪 問 一 樣 物 品

◉ ◉

　　策展人安特娜利爲了舉辦一場現代藝術博物館的展覽，就「物質文化」這個主題訪問了幾位人士，其中一個問題引人注目。她想知道：「你會想邀什麼物品去吃午餐？」

　　理解一樣東西的方法之一，就是思考那樣東西引發的提問——即便只要那樣東西不具生命，就無法眞正的回答。然而，如果你**能夠**詢問你的電腦，它是如何被組裝起來、組裝地在**哪裡**。或是和祖母傳下來的項鍊，討論它見證過的世界，甚至詢問你撿到的十美分硬幣，它是如何淪落街頭——你不想問嗎？

　　試著想出一件物品，以及只有那樣物品能回答的問題。思考你想問那樣物品什麼問題，其實釐清了你自己的**觀點**，以及這些**觀點**對你的意義。

　　我花了一點時間才想出我最想問問題的物品，最後我選了原子彈。

　　我有好多問題想問。這樣的東西會如何看待自己？

接納分心

👁 👁 👁

　　戈德史密斯在他的《在網路上浪費時間》（*Wasting Time on the Internet*）一書中，以雀躍的語調替我們整天分心的生活辯護。戈德史密斯指出，超現實主義的創始人安德烈·布勒東（André Breton）主張：「夢遊是最為普遍的社會狀態。」思緒陷在手機裡的行人，他們對周遭的環境渾然不覺，忙著與遠方的他人社交。他們就像夢遊者一樣，「同時在，也不在」──那種「介於清醒與睡夢之間的朦朧狀態」，難道不像「超現實主義者創作藝術的理想狀態」？

　　我們手中相互連結的裝置，讓我們「沉浸於新型的電子集體無意識」。戈德史密斯寫道：「我不禁注意到，我們變得十分擅長於分心。布勒東會很開心。」

　　簡而言之，即便只是一瞬間，分心就是專心，專心於你希望專心的事物以外的事物──並且接受那樣的分心是**某種形式**的專心。

留心。

訝異。

談論那件事。

── 詩人瑪麗·奧利弗（Mary Oliver）

言下之意，當我們以完美的紀律專心，我們其實錯過了「分心能帶來的驚奇」。戈德史密斯寫道：「沒錯，分心可能代表錯過了主要事件。然而，如果沒人知道主要事件是什麼，也不曉得發生在哪裡？」

　　《在網路上浪費時間》最後列出一長串在網路上浪費時間的建議——其實應該說用科技浪費時間。這些作法比光是跟著數位潮流走，還要更主動，更具顛覆性。戈德史密斯提出的許多點子，事實上得耗費很大工夫，例如：「利用 Google 地圖的衛星照拼湊出一座新城市，加以命名，接著替那座城市制定法律。」

　　然而，以下戈德史密斯舉的這個例子，也說明了如何擁抱分心、刻意專注於分心：

　　「在某個公共空間裡，」戈德史密斯建議：「用手機錄下你聽見的噪音，接著到一個安靜私密的地方聆聽。**把那個噪音寄給夥伴，要他們猜那個聲音來自何方。**」

珍視「糟粕」

◉　◉

製片家瑞克・普萊林格（Rick Prelinger）曾經寫道，糟粕是最上乘的佳釀，《不再有公路旅行？》（No More Road Trips?）就是最好的證據。那是普萊林格拍攝的長片，全部由人們丟棄的舊家庭電影畫面交織而成。普萊林格蒐集、挖掘這些「殘渣」，以巧妙的方式探索二十世紀中葉美國公路旅行的全盛期。

幾年前，我在北卡羅來納州德罕（Durham）舉辦的美國全景紀錄片影展（Full Frame Documentary Film Festival）觀賞《不再有公路旅行？》。普萊林格對今日拍攝家庭電影的觀眾提出的建議，令我感到意外。「拜託，」他說：「拍下加油站。」

我後來請普萊林格進一步說明他為何這麼建議。他說：「人們拿起家庭攝影機、看進觀景窗時，一般會拍攝自己喜愛的人事物」，因此有大量的家庭影片內容都是如詩如畫的風景 —— 美麗的花朵、山脈、藍天，以及今日 Instagram 動態上那些賞心悅目的畫面。

普萊林格指出，比較具有價值的家庭電影「拍攝的其實是日常生活」。他最喜歡的一支家庭影片，拍攝者是一名四處出差的可口可樂推銷員。那位推銷員出於我們永遠不會知道的原因，在一九三〇年代初期，錄下他負責推銷的南俄亥俄州地區「最令人沮喪、最蕭條的雜貨店」。

普萊林格最後強調，加油站是「最難記住」的東西。「我們記得迪士尼樂園，記得住美國大峽谷的樣子。」然而，再看一遍那些東西會多有趣？「我向你保證，如果你拍下彩券行、煙火攤，還有如今會在加油機上裝設電視的加油站，或是在顧客和店員之間豎著防彈隔板

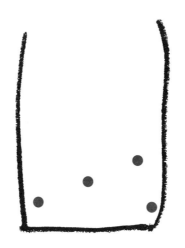

的便利商店——那會是今日公路之旅最值得記錄的地點。」普萊林格表示：「這些東西會隨時間變化，與我們所處的歷史年代緊密相連，那才是我們應該拍攝的東西。」

這項挑戰非常引人入勝：對未來的世代而言，我們的年代**有哪些日常細節**，將是他們最感興趣、帶來最多啟發的事物？那些細節很少會被留意，記錄那些東西甚至會被當成瘋子。**然而，即便是嘗試找出典型的無趣事物，也能帶來啟發。**

這個概念，就普萊林格前些日子寫下的宣言〈論先前存在的物質的價值〉（On the Virtues of Preexisting Material），是很好的例子：

他鼓勵大家讚揚糟粕。

　　普萊林格曾在一九八〇年代與九〇年代，蒐集老舊的工業與教育影片。那些影片在當時大都被遺忘，他卻以不屈不撓的毅力，追蹤那些影片的下落，想辦法取得，再慢慢說服其他人看出這項蒐藏的重要性——美國國會圖書館最後收購了那批影片。

　　「我很訝異企業製作的影片記錄下多少勞動者的歷史。」普萊林格在宣言中寫道：「為了找出脈絡，你得去蕪存菁，但東西就在那裡，通常還是有如寶山的資料。」普萊林格指的是一九三六年一支讚揚量產雪佛蘭汽車的影片。

　　「那支影片呈現的其實是，在弗林特（Flint）的汽車工廠工作有多基本、多危險、多令人麻木。」普萊林格寫道：「除了我找到的那支拷貝，世上似乎沒有其他人擁有那支影片了。現在那支影片名列美國政府保護的『國家電影名冊』（National Film Registry）。然而，那是糟粕——在一九八三年冷颼颼的一天，我付錢請某個傢伙別丟掉那支影片。」

追蹤月亮

科技與文化批評家道格拉斯・洛西科夫（Douglas Rushkoff）在《當下的衝擊》（*Present Shock: When Everything Happens Now*）這本書中感嘆，許多人今日過著遠離自然的生活，他鼓勵讀者接觸大自然的世界。

訪談人請洛西科夫提供對抗「當下的衝擊」的訣竅。他首先指出：「試著持續地覺察今夕是何夕、自己正處於月亮週期的哪個階段……試著每天晚上仰望夜空。」

我猜想，對人類動物來講，這個物種存在的大部分時間都深深感受到月亮的影響。月亮是夜空裡最顯眼的東西，標誌著時間週期。

你知道月亮目前處於什麼月相嗎？

再來一遍

👁 👁

藝術家亞當・亨利（Adam Henry）在作品中運用「重複」這項技巧，「替對照設定參數，放慢觀賞的體驗。」這種作法反映出他本人的文化消費習慣。亨利接受線上藝術雜誌《超敏》（*Hyperallergic*）的訪問時，提到：「我藉著」重讀某本書，或是一遍又一遍觀看同一部電影，「理解、研究事物背後的邏輯。」「過去三年，我在每一趟旅程中重複閱讀同一本書。我想大概讀了九遍吧。那是不可思議的體驗，我試圖真正瞭解這本書在說什麼，書中的內容又是如何隨著我的閱讀地點產生變化。」亨利讀的那本書，正好是阿根廷作家阿道夫・比奧伊・卡薩雷斯（Adolfo Bioy Casares）的《莫雷的創造》（*The Invention of Morel*，譯註：該書情節涉及場景的重演）。

我想我們都對重複的文化消費抱持矛盾的心理。有好多東西要看，還有好多事可以做、可以享受——不只是新的作品，還有我們尚未找到時間欣賞的經典。有太多還沒看過的東西，重溫喜歡的東西感覺有點奢侈。

別那樣想。現在就挑一個曾讓你印象深刻的文化物件，把重探那樣東西當成優先要務。

或許這場體驗會令人失望，或許會精神為之一振。結果是什麼都不重要。是怎樣就是怎樣。

想一想自己發生哪些變化、哪些地方沒變。想一想從現在起的一年後，是否應該重探同一個文化物件。

試著讓自己回答「應該」，接著想辦法重溫。

品嘗糟糕的事物

◉ ◉ ◉

綽號「快嘴」的提摩西・李維契（Timothy "Speed" Levitch）是世上最令人難忘的導遊，講話帶著高亢的鼻音，咯咯咯的笑聲富有魅力。你會感染到他的熱情，城市的每個角落到了他的嘴裡都精彩至極。李維契從一九九○年代初開始，跑遍舊金山、堪薩斯城、紐約等地。他對著參加紐約市官方巴士之旅的民眾，述說著這座城市，令人印象深刻。他一個人滔滔不絕講起陶瓦建築的光輝史，或是棋盤式街道的黑暗面，替一九九八年娛樂性十足的紀錄片《紐約巡遊》（*The Cruise*）提供了藍本。

你可以把李維契所說的「巡遊」（cruise），當成在這世上移動的兩種模式之一。另一種模式遠遠較為常見，李維契則命名為「**通勤者意識**」（commuter consciousness）。「我認為，通勤始於我們想抵達目的地的急迫性比我們自身還要鮮活的那一刻。」李維契有一次解釋：「**通勤是一個主動動詞，意思是前進的同時，認定世上目前存在的每一個該死的人類，都擋住本大爺的去路。**」

李維契說完這段話後，停下來咯咯咯笑了一陣，接著描述有別於通勤者心態的另一種可能：「**巡遊也是動詞，主動動詞，意思是當下立即欣賞周遭瞬間散發的美**」；巡遊是「**天然的抗憂鬱劑**」。

李維契提供所謂的「尖峰時刻導覽」（Rush Hour Tour）。參加者在下午五點鐘，在紐約市中心的中央車站服務台集合——刻意挑在沒人想待在那裡的時刻。李維契咯咯笑：「沒錯……那是一場人人試圖逃離的導覽。」

李維契為了讓參加者進入正確的參觀心態，他說明這一團將扮演

古希臘戲劇負責唱出評論的歌隊（chorus），重建眼前發生的事；在戲劇上演時，用重複的樂段，唱出舞台上的行為可能代表的意義，而舞台就是我們的世界。「那是一種**心中**的希臘歌隊，」李維契解釋：「觀察、評論、參與——但不曾真正加入。」人**在**現場，但不是那個場景的一分子。「到最後，」李維契表示：「你將把尖峰時刻當成一段諧擬人際連結的舞蹈。」

李維契舉了一個例子解釋自己的意思，興高采烈地建議大家「品嘗汽車的喇叭聲」。

李維契利用這個噱頭（他很坦白跟我說），帶領眾人離開中央車站，進入人車擁擠的曼哈頓中城，踏進汽車的喇叭齊鳴聲。「城市中每個不同的喇叭聲冒出來時」，李維契要大家「花個幾秒鐘，細細品嘗那個喇叭聲——咀嚼一下聲音有多響亮、有多迫不及待，思索當下發生的情境、喇叭聲的長度。好好地鑑賞」。

有時，路上冒出特別惱人的喇叭聲，李維契會立刻告訴團員以上那段話，接著描述令人不舒服的細節：這個喇叭聲的音調和其他喇叭聲比較起來如何，持續時間暗示的車主目標，以及這樣的喇叭聲顯示那是怎樣的一輛車。然而，往往就在李維契剛描述完城市喇叭聲所代表的一般概念，就會有另一聲特別刺耳的喇叭聲打斷他的解說。他說：「這座城市，是貨真價實的相聲夥伴。」

你可以「品嘗」任何東西——主題愈不誘人愈好。李維契承認，有的客人並不欣賞這種重複樂段的概念，因為他們已經訓練自己不必理會這種聲音，這種練習卻會讓他們重新強烈感受到噪音。然而，這也是這個練習有魅力的地方：把平凡生活中的惱人訊號，轉換成可以品嘗的事物。

「巡遊」真正的訣竅，在於接受我們可以在最平凡無奇的時刻運

用這種心態——巡遊於不必用腦的工作、令人生厭的工作、惱人的情境。巡遊是一種因應策略：李維契小的時候，他們家搬到郊區，他深深感受到孤立。「我想，欣賞周遭的美，或許是我最初的本能需求。」他表示：「如果我不讓郊區變有趣，我就**完了**。那幾乎像是一齣動作驚悚片，只是由好奇心扮演主角。」

李維契指出他當導遊時，經常碰到客人感覺上「很努力要處於度假狀態」。「他們把休閒當成某種可怕的工作來做，散發著幻滅的悲慘氛圍。」「我帶一次隊要工作九小時，」他說：「但我絕對比他們更像在度假。」李維契在別的場合也提到這件事：「Lebenskünstler」**這個無法翻譯的德文字，其中一個定義是「帶著藝術家的熱情與靈感過生活的人，即便他並不從事藝術家的工作」。**

李維契受訪時，曾有人問「巡遊」基本上是不是一種佛家精神。他回答：「或許欣賞外在世界的美，最終也是在欣賞內在的美。」我想他說得沒錯。

來一場約會……和你自己

◉

　　幾年前，喜劇演員兼電影製作人麥克・柏比葛利亞（Mike Birbiglia）發現，他雖然把自己的時間定出精確的行程表，努力安排各種計畫與需要做的事，卻忽視了某樣東西。「我出席午餐會或商務會議，卻沒出席與自己的會面。」他告訴訪談人：「所以我寫好一張便條紙貼在床邊。這聽起來很肉麻，但我寫上：『麥克！你早上七點在佩德勒咖啡店有一場約會……和你的心。』」

　　用這種方式空出一段時間是很有力量的。柏比葛利亞的作法讓我想起作家茱莉亞・卡麥隆（Julia Cameron）的建議，也是她的暢銷書《創作，是心靈療癒的旅程》（The Artist's Way）的核心理念。卡麥隆要學生每星期安排「藝術家的約會」（那堂課的主要精神是「找回」創意）。卡麥隆解釋，約會的意思是「一週一次，來一場歡樂的個人探險，探索你感興趣的事物」。不要帶另一半，不要照顧姪女，為自己做一件事。

　　對卡麥隆來說，這是為了滿足你內心的那個藝術家，或是你希望成為藝術家的渴望──不過，不一定需要正式造訪博物館。卡麥隆說過：**「這樣的嘗試有點像是讓自己著迷。」**

　　無論如何，這是一場約會。我朋友戴安娜・金寶・柏林（Diana Kimball Berlin）努力全程參加「創作，是心靈療癒的旅程」（Artist's Way）課程，把體驗放上部落格。她的藝術家約會包括在美術社買東西，參加大提琴表演，做「峇里島主題」的 SPA，以及「造訪一家貨櫃冰沙店，接著看一部紀錄片」。

　　卡麥隆發現有一點很奇怪，人們通常會抗拒花時間在自己身上。

「我們知道有職業道德很重要，」她沉思：「所以我們會**下工夫**增加創意，但我們不一定願意**玩**創意，然而**玩是絕對必要的**。」

卡麥隆不是唯一認為這種個人時間有價值的人士。《紐約時報》以生活駭客為主題的「聰明生活」（Smarter Living）電子報建議：「花時間反省，把反省時間安排進你的行事曆，給自己思考的空間。就算只是每兩週花幾小時，你也會有進展。」

此外，曾有一群學術研究人員特別研究如何善用（或至少忍受）通勤時間，最後提出「一點小自由」（pocket of freedom）的概念。「一點小自由」要人專注於自己能夠掌控的事──以通勤的例子來講，就是如何運用這段時間。或許這項刊登於《哈佛商業評論》（*Harvard Business Review*）的研究計畫最特殊之處，在於「一點小自由」這個詞彙借用自某位研究人員的姑婆。那位長輩剛成年時，生活在納粹占領的波蘭猶太人區。

「姑婆不論多餓、多累、多害怕，」那位研究人員寫道：「她每天都會花一小時和姪女從事創作活動──姑婆後來解釋，那個習慣讓她能夠撐著活下去。」如果生活在這種狀態下的人都有辦法挪出一小時，你我當然也行。

以上提到的**概念**五花八門，但基本精神很類似：

- 安排創意遊戲
- 安排個人的反省時間
- 安排專注於特定的嗜好或計畫

它們的共通點在於努力挪出時間做你真心在乎的事──這是某種柔術，用以對抗重視進度表，以及工作占據我們大量注意力的文化。

柏比葛利亞和自己約會時，寫下構思許久的電影劇本。不過，你和自己獨處時，不一定要做任何事，可以單純出現在佩德勒咖啡店（或任何地方），心無旁騖地想著你希望思考的事。

　　好好體驗你人所在的地方。你可以想著私事，也可以一邊體驗空間、一邊想事情，或是趁機做本書提到的其他練習。

　　我們的時間太容易繞著外在的責任與義務打轉。綁架那種直覺作法，轉而讓自己相信為自己而活也很重要，或許並非難事。

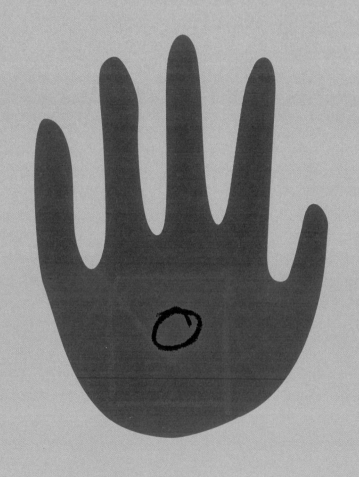

在 乎 某 件 事

👁 👁 👁

在本書的結尾，容我引用前學生米格爾・奧利佛瑞斯（Miguel Olivares）的點子。當時我要他「練習觀照」，結果他滿懷歉意提到他想出的辦法——他大聲說出內心的憂慮，害怕自己誤解了作業的意思。奧利佛瑞斯解釋，他替仙人掌製作了一個花箱。他這麼做的理論是，「當你培育或照顧某樣東西時，你會特別關注它。」

這的確不是我出作業時設想學生會做的事，但奧利佛瑞斯掌握到這份作業的精神。對初學者來講，有無數的方法可以定義「留心觀照」。就連我這份長達一整本書的清單，依舊只是略舉幾例。

然而，沒錯，在乎是核心精神。

本書提到的練習與思考作業，目的是幫助你決定**你**想要在乎什麼——連帶決定你想關心哪些人事物，把心力用在上頭。

說到底，那正是觀察的藝術，也是觀察帶來的喜悅源頭。

我們的生活體驗等同於我們注意的事物，

不論是有意選擇或習慣性為之。

—— 心理學家威廉·詹姆斯（William James）

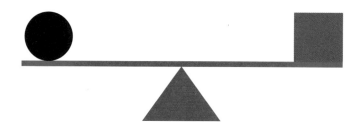

尾聲

設 計 觀 察 練 習

　　最後再提一件事。

　　或許你在探索本書的過程中，自行想出其他有趣或挑戰思考的點子，可以協助自己用更實用、更好玩的方式觀察或留意。即便你沒想出明確的方法，想必你已經醞釀了一、兩個想法，因此我鼓勵你追蹤下去。如果你需要發明自己的練習，可以回頭翻閱本書。

　　請嘗試看看。

　　告訴朋友你的想法，也可以照自己的意願分享，或是告訴我——歡迎各位在 robwalker.net/noticing 上保持聯絡，或是訂閱 The Art of Noticing（觀察的藝術）電子報。

　　我很樂意聽聽你提出的點子，以及觀察到的事物。

謝辭

我欠了許多人很多人情。我能說什麼？只能感謝。

感謝亞倫·綽奇諾夫（Allan Chochinov）、我任教的學院教職員，尤其是紐約視覺藝術學院設計產品組的全體學生。

薇拉·提圖尼克（Vera Titunik），謝謝妳。喬許·葛蘭，謝謝你。辛西亞·喬伊斯（Cynthia Joyce），謝謝妳。奧斯汀·克隆（Austin Kleon），謝謝你。凱特·賓革曼－伯特，謝謝妳。

肯尼思·戈德史密斯，謝謝你。此外，我也要感謝以下人士：保羅·盧卡斯、馬克·魏登鮑、寶拉·安特娜利、尼克·葛雷、艾力克斯·卡爾曼、妮娜·卡查多莉安、德維·羅斯巴特、查理·陶德、「快嘴」提摩西·李維契、瑞塔·J·金恩、丹·艾瑞利、瑞克·普萊林格、英格麗·費托·李、賽斯·高汀、莎拉·李奇、路西恩·詹姆士、「爛蘋果」、卡拉·戴安娜、喬夫·馬南、妮可拉·特薇里、伊森·海因、費絲·萊文、湯姆·維斯、吉姆·寇德爾、馬修·弗瑞·雅各布森、麥特·葛林、威廉·海姆里奇、黛比·米爾蒙、查爾斯·杜希格（Charles Duhigg）、貝絲·摩舍（Beth Mosher）。

艾莉絲·湯蘿、茉莉·海因茲（Molly Heintz），以及紐約視覺藝術學院設計批評／設計研究（SVA D*Crit/Design Research）暑期密集課程的教職員與學員，謝謝你們。

史蒂文·海勒（Steven Heller），謝謝你。安德魯·利蘭（Andrew Leland），謝謝你。亞歷克斯·柏克（Alex Balk），謝謝你。史戴西·史維哲（Stacy Switzer），謝謝妳。G·K·達比（G. K. Darby），謝

謝你。大衛‧當頓（David Dunton），謝謝你。大衛‧席爾（David Shields），謝謝你。

麥特‧麥高恩（Matt McGowan），謝謝你、謝謝你、謝謝你。

奧利佛‧芒迪（Oliver Munday）與彼得‧曼德森（Peter Mendelsund），謝謝你們！索尼‧梅塔（Sonny Mehta）、克里斯‧吉爾斯皮（Chris Gillespie）、保羅‧博加茲（Paul Bogaards）、艾琳‧哈特曼（Erinn Hartman）、瑞秋‧福爾斯萊澤（Rachel Fershleiser）、愛蜜莉‧墨菲（Emily Murphy）、凱莉‧布萊爾（Kelly Blair）、梅姬‧辛德斯（Maggie Hinders）、瑞塔‧馬綴高（Rita Madrigal、南西‧英格利斯（Nancy Inglis）、麗莎‧西爾維曼（Lisa Silverman）、蘿莉‧楊（Lorie Young），以及克諾夫出版社（Alfred A. Knopf）的全體團隊，謝謝你們。瑪莉亞‧戈德佛（Maria Goldverg）：我要致上無盡的謝意。

M&D，謝謝你們：我愛你們。

還有，E，謝謝你，一次又一次的感謝，我永遠感謝每一件事。

資料來源與延伸閱讀

　　本書提供的建議來自眾多的資料來源、對話與訪談，正文各處已經提及出處。以下是更詳細的書目與我引用的額外資料，以及進一步的建議閱讀。更多詳情請見：robwalker.net/noticing。

Anderson, Sam. "Letter of Recommendation: Looking Out the Window." *The New York Times Magazine,* April 9, 2016.

Ariely, Dan. *Predictably Irrational: The Hidden Forces That Shape Our Decisions.* New York: Harper Perennial, 2009.

Berger, John. *Ways of Seeing.* London: Penguin, 1972.

Bogost, Ian. *Play Anything: The Pleasures of Limits, the Uses of Boredom, and the Secret of Games.* New York: Basic Books, 2016.

Brunner, Bernd. "The Art of Noises: On the Logic of Sound and the Senses." *The Smart Set,* September 1, 2015. https://thesmartset.com/the-art-of-noises/.

Burrington, Ingrid. *Networks of New York: An Illustrated Field Guide to Urban Internet Infrastructure.* Brooklyn, NY: Melville House Publishing, 2016.

Calle, Sophie. *Suite Vénitienne.* Catskill, NY: Siglo, 2015.

Cameron, Julia. *The Artist's Way: A Spiritual Path to Higher Creativity,* 25th anniversary ed. New York: Tarcher Perigee, 2016.

Carr, Nicholas. *The Glass Cage: Automation and Us.* New York: W. W. Norton & Company, 2014.

Carroll, Lewis. *Eight or Nine Wise Words About Letter-Writing.* https://www.gutenberg.org/files/38065/38065-h/38065-h.htm.

Clébert, Jean-Paul. *Paris Vagabond,* trans. Donald Nicholson-Smith. New York: New York Review Books, 2016.

Dawson, Peter. *The Field Guide to Typography: Typefaces in the Urban Landscape.* New York: Prestel Publishing, 2013.

Forbes, Rob. *See for Yourself: A Visual Guide to Everyday Beauty.* San Francisco: Chronicle Books, 2015.

Garrett, Bradley L. *Explore Everything: Place-Hacking the City.* New York: Verso, 2013.

Glenn, Joshua, and Carol Hayes. *Taking Things Seriously: 75 Objects with Unexpected Significance.* New York: Princeton Architectural Press, 2007.

Goldsmith, Kenneth. *Uncreative Writing: Managing Language in the Digital Age.* New York: Columbia University Press, 2011.

———. *Wasting Time on the Internet.* New York: Harper Perennial, 2016.

Harris, Jacob. "Why I Like to Instagram the Sky." *The Atlantic,* March 14, 2016. www.theatlantic.com/technology/archive/2016/03/sky-gradients/473034/.

Helmreich, William. *The New York Nobody Knows: Walking 6,000 Miles in the City.* Princeton, NJ: Princeton University Press, 2013.

Henshaw, Victoria. *Urban Smellscapes: Understanding and Designing City Smell Environments.* New York: Routledge, 2013.

Horowitz, Alexandra. *On Looking: A Walker's Guide to the Art of Observation.* New York: Scribner, 2013.

"How to Read a Landscape." www.williamcronon.net/researching/landscapes.htm.

Huxtable, Ada Louise. *Kicked a Building Lately?* Oakland: University of California Press, 1989.

Hwang, Tim, and Craig Cannon. *The Container Guide.* New York: Infrastructure Observatory Press, 2015.

Hyde, Lewis. *Trickster Makes This World: Mischief, Myth, and Art.* New York: Farrar, Straus and Giroux, 1998.

Kent, Sister Corita, and Jan Steward. *Learning by Heart: Teachings to Free the Creative Spirit,* 2nd ed. New York: Allworth Press, 2008.

Kleon, Austin. *Steal Like an Artist: 10 Things Nobody Told You About Being Creative.* New York: Workman, 2012.

Krouse Rosenthal, Amy. *Textbook Amy Krouse Rosenthal.* New York: Dutton, 2016.

Langer, Ellen J. *Mindfullness: 25th Anniversary Edition.* Boston: Da Capo Press, 2014.

Manaugh, Geoff. *A Burglar's Guide to the City.* New York: Farrar, Straus and Giroux, 2016.

Montague, Julian. *The Stray Shopping Carts of Eastern North America: A Guide to Field Identification.* New York: Harry N. Abrams, 2006.

Nelson, George. *How to See: A Guide to Reading Our Man-Made Environment.* Oakland, CA: Design Within Reach, 2003.

Oliveros, Pauline. *Deep Listening: A Composer's Sound Practice.* Lincoln, NE: iUniverse, 2005.

Paper Monument, ed. *Draw It with Your Eyes Closed: The Art of the Assignment.* Brooklyn, NY: Paper Monument, 2012.

Perec, Georges. *An Attempt at Exhausting a Place in Paris,* reprint ed., trans. Marc Lowenthal. Cambridge, MA: Wakefield Press, 2010.

Pillemer, Karl. *30 Lessons for Living: Tried and True Advice from the Wisest Americans,* reprint ed. New York: Avery, 2012.

Prelinger, Rick. "On the Virtues of Preexisting Material." *Contents,* issue no. 5. http://contentsmagazine.com/articles/on-the-virtues-of-preexisting-material/.

Roberts, Veronica, ed. *Nina Katchadourian: Curiouser.* Austin, TX: Blanton Museum of Art, 2017.

Rushkoff, Douglas. *Present Shock: When Everything Happens Now.* New York: Current, 2013.

Russell, Jay D. "Marcel Duchamp's Readymades: Walking on Infrathin Ice." www.dada-companion.com/duchamp/archive/duchamp_walking_on_infrathin_ice.pdf.

Schwartz, Barry. *The Paradox of Choice: Why Less Is More,* rev. ed. New York: Ecco, 2016.

Shepard, Sam, and Johnny Dark. *Two Prospectors: The Letters of Sam Shepard and Johnny Dark.* Austin: University of Texas Press, 2013.

Stark, Kio. *When Strangers Meet: How People You Don't Know Can Transform You.* New York: Simon & Schuster/TED, 2016.

Suzuki, Shunryu. *Zen Mind, Beginner's Mind: Informal Talks on Zen Meditation and Practice.* Boulder, CO: Shambhala, 2011.

Vanderbilt, Tom. *You May Also Like: Taste in an Age of Endless Choice.* New York: Simon & Schuster, 2016.

Wechsler, Lawrence. *Seeing Is Forgetting the Name of the Thing One Sees,* expanded ed. Berkeley and Los Angeles: University of California Press, 2008.

Wright, Robert. *Why Buddhism Is True: The Science and Philosophy of Meditation and Enlightenment.* New York: Simon & Schuster, 2017.

Wu, Tim. *The Attention Merchants: The Epic Scramble to Get Inside Our Heads.* New York: Alfred A. Knopf, 2016.

Zomorodi, Manoush. *Bored and Brilliant: How Spacing Out Can Unlock Your Most Productive and Creative Self.* New York: St. Martin's Press, 2017.

Zuccotti, Paula. *Everything We Touch: A 24-Hour Inventory of Our Lives.* New York: Viking, 2015.

國家圖書館出版品預行編目（CIP）資料

觀察的藝術：在日常生活中開發想像力的 131 個練習
/ 羅伯・沃克（Rob Walker）著；許恬寧譯 . -- 初版 . --
臺北市：大塊文化 , 2020.09
256 面 ; 14.8×19 公分 . --（smile ; 168）
譯自：The art of noticing : 131 ways to spark creativity,
find inspiration, and discover joy in the everyday
ISBN 978-986-5549-02-2（平裝）

1. 注意力　2. 生活指導

176.32　　　　　　　　　　　　　　　　109011560

LOCUS

LOCUS